Renate Daimler • Insa Sparrer
Matthias Varga von Kibéd

**Das
unsichtbare
Netz**

Renate Daimler • Insa Sparrer
Matthias Varga von Kibéd

Das unsichtbare Netz

Erfolg im Beruf
durch systemisches Wissen

Aufstellungsgeschichten

Kösel

Danksagung

Wir danken allen Menschen, die mit uns an dem Netz dieses Buches gewoben haben. Allen voran den Teilnehmerinnen und Teilnehmern der Seminare, die uns voll Vertrauen erlaubten, ihre Geschichten zu erzählen. Auch all jenen sei Dank, die uns ihre Notizen und Eindrücke aus den verschiedenen Rollen zur Verfügung stellten. Ob in Berlin, am Balaton in Ungarn, in Piran in Slowenien oder in Wien, die vielen Gespräche und Protokolle haben unser Buch reicher und bunter gemacht.

Max Graf Berghe von Trips hat nicht nur eine interessante Aufstellung beigesteuert, er hat auch mit großer Gelassenheit und Freundlichkeit unsere Termine und den Austausch der Texte koordiniert.

Den Leitern der Institute, an denen ein Teil der Aufstellungen dokumentiert werden durfte, sei Dank für ihre unkomplizierte Großzügigkeit: Bernd Isert vom Forum für Meta-Kommunikation in Berlin, Wolfgang Lenk vom Milton Erickson Institut in Berlin, Sonja Radatz vom Institut für Systemisches Coaching und Training in Wien und Franziska Tillmanns von System~Gestalten in Wien.

Unseren ersten Testleserinnen und -lesern, allen voran Elke Oberortner, verdanken wir durch ihre konstruktive Kritik die »Alltagstauglichkeit« der Texte. Jede ihrer Fragen hat zu neuen, kreativen Möglichkeiten geführt, die Aufstellungen noch einfacher zu erklären.

Ulrike Buergel-Goodwin hat als Lektorin mit großem Interesse und Feingefühl unsere systemischen Gedanken sprachlich so »geglättet«, dass sie auch zum Frühstück verträglich sind.

Und nicht zuletzt danken wir unserem Verleger Dr. Christoph Wild und der Programmleiterin Psychologie Dagmar Olzog, dass sie spontan von unserer Idee begeistert waren und unser Projekt so engagiert unterstützt haben.

Die Autoren, im Sommer 2003

© 2003 by Kösel-Verlag GmbH & Co., München
Printed in Germany. Alle Rechte vorbehalten
Druck und Bindung: Kösel, Kempten
Umschlaggestaltung: KOSCH Werbeagentur, München
Umschlagmotiv: Brigitte Smith, München
ISBN 3-466-30624-8
Gedruckt auf umweltfreundlich hergestelltem Werkdruckpapier
(säurefrei und chlorfrei gebleicht)

Inhalt

Mein Schreibtisch, der Kleber und ich
Anstelle eines Vorworts.................... 7

Anleitung für Einsteiger 12

Zuerst kommt die Arbeit, dann das Vergnügen 21

Innenleben eines Projekts 32

Die versteckte Trauer 39

Lähmung im Team.......................... 44

Das Dorf, der Berater und der Bürgermeister 57

Der blaue Autobus............................ 68

Das Kammerorchester 77

Deutschland gegen Österreich 90

Der Großvater, das Ritual und die Zigarette 104

Schule in Not 111

Die neue Büroorganisation..................... 122

Die Verstrickung	140
Die alten und die neuen Werte	153
Die Firmenmarke	162
Das Geheimnis	175
Die Sanierung	184
Wichtige systemische Grundsätze	198
Einladung zum Wunder	216
Literaturhinweise	219

Mein Schreibtisch, der Kleber und ich

Anstelle eines Vorworts

Die Geschichte, die ich hier erzähle, ist die Geschichte einer Begegnung, die mein Leben verändert hat.

Es war in einer Zeit, als ich mich an meinem Schreibtisch immer einsamer fühlte. Die Zwiesprache mit meinem Computer, der meine Gedanken aufnahm und sie so lange in sich trug, bis sie reif waren, als Buch gedruckt zu werden, war mir nicht mehr genug. Ich wollte hinaus, wollte mit Menschen arbeiten, dort sein, wo das bunte Leben war.

Aber ich schaffte es nicht. Jede meiner Ideen wurde im Keim erstickt. Jede Neuorientierung, die ich anstrebte, um meinen Schreibtisch zu verlassen, wurde von einer unerbittlichen Instanz in mir vernichtet oder zumindest abgetan.

Dann erzählte mir mein Mann, Carl Edelbauer, von »zwei außergewöhnlichen Menschen«, die auf dem Kongress, zu dem er als Referent eingeladen war, »aufgestellt« hätten. Die Bilder, die er mit seinen Worten malte, waren so bunt und viel versprechend, dass ich Insa Sparrer und Matthias Varga von Kibéd unbedingt kennen lernen wollte.

Es war kurze Zeit später, im Oktober 1997, da kamen sie nach Wien. Sie eröffneten ein grandioses Feuerwerk und stellten wie Zauberer – so erschien es mir damals – ein Thema nach dem anderen in den Raum. Sie verblüfften, verwirrten, bewegten und amüsierten mich. Am dritten Tag des Seminars saß ich dann endlich neben ihnen und schilderte mein Problem.
»Ich schränke meine Kreativität ein und klebe an meinem Schreibtisch«, sagte ich.
Ein paar Fragen später war geklärt, was für mich aufgestellt werden soll.
Diese Geschichte ist schon lange her, aber mir blieb sie in jedem Detail in Erinnerung.

Die Aufstellung für Renate

- Der Kleber
- Der Schreibtisch
- Die Kreativität
- Das, worum es geht

Ich sehe mich im Raum um und wähle zu meinem Erstaunen eine Repräsentantin für mich, die mindestens einen Kopf kleiner ist. Mein Schreibtisch wird dafür von einem Zweimetermann mit Schultern, die ausführliches Bodytraining vermuten lassen, dargestellt. Auch der Kleber hat es in sich: Mein Auge fällt auf einen »gewichtigen«, wohlbeleibten Mann, nicht sehr groß, dafür aber ziemlich breit.
    Nur meine Kreativität sieht so aus, wie ich sie mir vorgestellt hatte: eine schöne Frau in weiche, bunte Farben gekleidet, stark und zart zugleich.

Bilder in den Raum gestellt

Ich bin verwirrt. »Mein Gott, die Arme«, denke ich von meiner Repräsentantin, ohne sofort zu realisieren, dass ich damit mich meine. Eingesperrt, vereinnahmt, chancenlos. Das sind die Worte, die mir zu ihr, und damit zu mir, einfallen.

Vor ihr, so nah, dass es ihr den Atem nehmen muss, steht der riesige Schreibtisch und verstellt ihr vollkommen den Blick. Aber Blick wohin? Es gibt keinen, denn der Schreibtisch befindet sich fast vor der Wand. Hinter ihr, tatsächlich wie angeklebt, »der Kleber«, sodass die Frau, die mich darstellt, wie das Innere eines Sandwichs zwischen die beiden hineingequetscht steht.

Die Kreativität wendet dem Trio den Rücken zu und sieht am anderen Ende des Raumes zum Fenster hinaus. Sie scheint sich nicht zuständig zu fühlen.

Jetzt spricht meine Repräsentantin: »Ich fühle mich wohl«, sagt sie ohne das geringste Anzeichen von Atemnot.

Und als die dreißig Teilnehmer des Seminars geräuschvoll ihr Erstaunen kundtun, vor Überraschung lachen, die Luft laut einziehen oder ausatmen, setzt sie, fast entschuldigend, eine Erklärung nach.

»Ich bin das so gewöhnt, so muss es sein.«

Der Schreibtisch ist mit dieser Wortmeldung sehr einverstanden: »Ich bin hier der Wichtigste. Es ist gut, wenn sie so nah bei mir steht, ich schütze sie«, meint er und lächelt selbstsicher.

Auch der Kleber gibt sich sehr bestimmt: »Ich sorge dafür, dass sie dort bleibt, wo sie ist. Das ist ihr Platz.«

Ich bin verblüfft. Hier scheint alles in Ordnung zu sein.

Ist mein Wunsch nach mehr Kreativität Vermessenheit? Meine Renate hier im Bild wirkt ruhig und zufrieden.

Nun spricht die Kreativität: »Ich fühle mich gut, aber mit denen da hinter mir habe ich nichts zu tun. Ich schaue zum Fenster hinaus auf diese wunderschönen blühenden Bäume und warte, was passiert.«

Dann wird sie umgedreht. Sie sieht die kleine Frau, eingequetscht zwischen den beiden mächtigen Männern, die Schreibtisch und Kleber darstellen, und wird sofort traurig. »Es tut mir weh, sie so zu sehen. Ich möchte, dass sie sich mir zuwendet.« Aber meine Repräsentantin kann nicht: »Ich habe Angst, ein Sog zieht mich nach hinten«, sagt sie und ihre Stimme zittert.

Jetzt wird »Das, worum es geht« aufgestellt, und mit dieser Figur, von einer Frau dargestellt, verändert sich das Bild wieder. Mein Double sieht sie an und wird plötzlich tieftraurig. Schreibtisch und Kleber rücken ein Stück zur Seite.

»Gibt es jemanden in deiner Familie, der keine Chance hatte, seine Kreativität zu leben?«, fragt Insa Sparrer.

Mir fallen sofort meine Mutter und meine Großmutter ein, und ich nicke mit dem Kopf. Sie mussten sich beide in ihrer Entfaltung einschränken. Die eine, weil die Zeiten so waren, dass Frauen sich ihren Männern untergeordnet haben, und sieben Kinder und der Krieg ihr wenig Zeit ließen für ihre vielfältigen Begabungen. Die andere, weil es in der kinderreichen Familie kein Geld für »weibliche« Bildung gab und ein Mann, ein Geschäft und sechs Kinder ihr Schicksal wurden.

Und wie war das mit meinem Vater? Er war erfolgreich. Aber war sein Leben als Kaufmann das, was er wollte? Ich weiß es nicht und entscheide mich innerlich dafür, dass es wohl meine Mutter oder meine Großmutter sein muss, die da steht.

»Wer immer du bist, dir zu Ehren habe ich bisher meine Kreativität eingeschränkt«, sage ich, inzwischen an die Stelle meiner Repräsentantin getreten, angeleitet von Matthias Varga. »Doch von nun an ehre ich dich anders.«

Mir kommen die Tränen aus Mitgefühl. Für diese Frau und für mich selbst. Sie sieht mich liebevoll an und nickt.

»Das ist gut für uns«, sagt sie. »Wir wünschen dir alles Gute.«

Sie hat »wir« gesagt.

»Wer ist ›wir‹?«, frage ich Insa Sparrer und Matthias Varga.

»Wer immer ›wir‹ ist, wenn es bedeutsam ist, wirst du es zur rechten Zeit wissen. Dann wird die Nachricht zu dir kommen. Aber vielleicht darf das Ritual wirken, ohne dass du es weißt«, antworten die beiden und schaffen es, sich selbst in einer so kurzen Rede beim Sprechen harmonisch abzuwechseln.

Ich nicke und spüre, dass die Zeit mir alles zeigen wird.

Schreibtisch und Kleber sind jetzt meine Verbündeten und geben mir Sicherheit. In ihrem Schutz und mit all dem, was die Schriftstellerin ausmacht, kann ich mich nun der Kreativität zuwenden.

Sie empfängt mich in ihren bunten Kleidern, strahlend, mit offenen Armen: »Ich habe schon lange auf dich gewartet.«

Und ich merke, wie mein Herz leicht wird.

Seit damals sind Jahre vergangen. In dieser Zeit haben sich neben der Schriftstellerin die Radiomoderatorin und die systemische Beraterin entwickelt. Zunächst eifersüchtig aufeinander, wer mehr Raum bekommt. Später im Einklang, jede von der anderen profitierend.

Aus meinen beiden Lehrern, die mich durch die vierjährige Ausbildung an ihrem Institut begleitet haben, sind Freunde und Mitautoren geworden. Und manchmal, wenn ich wieder einen neuen Schritt in ein noch kreativeres Leben tun möchte, dann hole ich mir die Aufstellung von damals in meine Erinnerung zurück und verbeuge mich vor denen, die es schwerer hatten als ich.

Meine Großmutter ist schon lange tot. Mein Vater starb vor noch nicht langer Zeit. Unter seinen Papieren fanden wir eine dicke Mappe mit wunderschönen Gedichten, die er uns nie gezeigt hat. Papa, auch du warst einer, der seine volle Kreativität nicht leben durfte. Auch dir zu Ehren mache ich jetzt vieles anders und gleichzeitig auch immer wieder einiges so wie du ...

Anleitung für Einsteiger

Alle Geschichten, die Sie in diesem Buch lesen werden, sind wahr. Erzählt werden so genannte »Strukturaufstellungen«, genauer gesagt, »Organisationsstruktur-Aufstellungen«, in denen Themen aus der Arbeitswelt behandelt werden. Einige der verwendeten Begriffe werden Ihnen vielleicht fremd sein, oder Sie kennen sie aus der Alltagssprache in ganz anderen Zusammenhängen.

Diese Anleitung für Einsteiger erläutert die wichtigsten Begriffe und soll Ihnen eine Hilfe sein, mit der Sie sich während der Lektüre bei Bedarf informieren können. Wenn Sie danach mehr über das methodische Vorgehen erfahren möchten, schlagen wir Ihnen vor, sich auch mit den im Anhang genannten Büchern zu befassen und nach Möglichkeit selbst in einem geeigneten Seminar an einer Strukturaufstellung teilzunehmen.

Systemische Strukturaufstellungen sind ein Verfahren, bei dem wir mithilfe einer Gruppe von Menschen, aber auch in der Einzelarbeit mit Symbolen, einen Blick in ein System werfen können, zu dem wir eine Frage haben. Die Bilder, die mit den Teilnehmern aufgestellt werden, kommen durch wenige Vorinformationen zustande, egal, ob sie eine Firma, ein Team oder eine Familie betreffen. Es werden die Personen, die dazu gehören, aber auch abstrakte Teile wie Ziele, Entscheidungsalternativen, Projekte, Aufträge und so weiter in den Raum gestellt.

Aufstellen bedeutet, dass die Klientin oder der Klient, nachdem sie oder er das Anliegen geschildert hat und die Teile der Aufstellung feststehen, die so genannten »RepräsentantInnen« auswählt, Menschen, die das fremde System darstellen werden. Dabei benennen die Klienten auch eine Person, die sie repräsentiert, in der Fachsprache auch »Fokus« genannt. Die Darsteller werden von der Klientin oder dem Klienten an den Schulterblättern berührt und der Reihe nach intuitiv an einen stimmigen Platz im Raum geführt.

So entsteht ein äußeres Bild, das dem inneren Bild des Klienten entspricht. In den Bildern kommt es auf größeren und kleineren Abstand im Raum, auf die Winkel und Blickrichtungen zueinander an.

Die RepräsentantInnen entwickeln, in der Regel schon während sie gestellt werden, spätestens kurz danach, deutlich veränderte Körperempfindungen, Wahrnehmungen und Stimmungsveränderungen (siehe unten: »repräsentierende Wahrnehmung«).

Typisch für Strukturaufstellungen ist, dass vor allem die Unterschiede der Körperempfindungen und Wahrnehmungen die Grundlage des Vorgehens bilden. Die Klientin oder der Klient erlebt die Äußerungen der Repräsentanten meistens schon im ersten Bild als sehr stimmige Darstellung der realen Beziehungen im abgebildeten System – wobei häufig zugleich überraschende Ergänzungen zur bisherigen Sicht und kreative, neue Möglichkeiten auftauchen.

Durch verschiedene Interventionen, wie Änderungen der Anordnung durch Umstellung, rituellen Sprachgebrauch und geeignete Rückmeldungen der Klientin oder des Klienten, wird nun nach einem ressourcenreicheren neuen Bild gesucht. Die Interventionen sind dabei als Fragen zu verstehen, die davon ausgelösten Körperreaktionen der Repräsentanten, die diese möglichst genau mitteilen, als Antworten.

Dabei ist bei Strukturaufstellungen sogar eine verdeckte Arbeit möglich. Das heißt, dass nur der Klient selbst nähere Informationen zum Thema hat.

Die Methode der »Systemischen Strukturaufstellungen«, auf die sich die Erzählungen in diesem Buch stützen, wurde von der Diplompsychologin Insa Sparrer und Professor Matthias Varga von Kibéd seit 1989 entwickelt und immer weiter ausgebaut. Einflüsse aus der Systemischen Therapie, der Familientherapie, insbesondere der Rekonstruktions- und Aufstellungsarbeit, der lösungsfokussierten Kurztherapie und der Hypnotherapie prägten Stil, Vorgehensweise und Haltung. Etwa gleichzeitig mit den Organisationsstruktur-Aufstellungen entwickelte vor allem Gunthart Weber, ausgehend vom Familienstellen, das Verfahren der Organisationsaufstellungen.

Organisationsstruktur-Aufstellungen sind eine effiziente Methode für Beratungen im Arbeitsfeld, sei es für Unternehmen, Organisationen oder für Einzelpersonen.

Leiterinnen und Leiter von Strukturaufstellungen arbeiten allparteilich, das heißt, mit dem Ziel, eine Verbesserung für alle RepräsentantInnen zu erlangen. (In der Strukturaufstellungsarbeit wäre eigentlich die Bezeichnung »GastgeberInnen« angemessener als die der LeiterInnen, da ein Leiter einfach oben, ein Gastgeber aber zugleich Diener jeden Gastes ist.)

Bilder in den Raum gestellt bedeutet, dass das System der Klientin oder des Klienten durch so genannte »RepräsentantInnen« dargestellt wird. Die Aufstellung ist eine Externalisierung eines inneren Bildes und kann durch geeignete Interventionen zu einem »Lösungsbild« verändert werden.

Das **Lösungsbild** ist eine aus dem Anfangsbild durch geeignete Interventionen gewonnene veränderte Anordnung der Repräsentanten, sodass alle sich in einem ressourcenreicheren Zustand befinden. Aus der Perspektive des Klienten soll sich dabei eine neue Lösungsmöglichkeit des Problems ergeben.

Zu den für die Gewinnung von Lösungsbildern wichtigsten Interventionen gehören geeignete Trennungen von unklar vermischten Kontexten, die Einbeziehung ausgeschlossener und vergessener Systemmitglieder und geeignete rituelle Sätze der Würdigung, Anerkennung und Richtigstellung.

Die **RepräsentantInnen** werden auch manchmal als »RollenspielerInnen« bezeichnet, was jedoch ein irreführender Begriff ist, denn bei Strukturaufstellungen wird nicht »gespielt«. Die Betonung von Unterschieden bei Körperempfindungen (anstelle von inneren Bildern) und die verdeckte Arbeit fördern die Wahrnehmungsprozesse bei Aufstellungen und schützen vor stärkeren Verfälschungen des Bildes durch persönliche Meinungen.

Die RepräsentantInnen stellen sich mit ihrer Körperwahrnehmung zur Verfügung, um Teile eines Systems darzustellen. In der Systemischen Strukturaufstellung können das Personen, aber auch Gegenstände, Gefühle, Eigenschaften, Überzeugungen, Hindernisse, Ressourcen und anderes sein. Die RepräsentantInnen teilen ihre veränderten Körperempfindungen und Wahrnehmungen im Aufstellungsbild und während des Aufstellungsprozesses mit (repräsentierende Wahrnehmung) und ermöglichen so die Entwicklung eines Lösungsbildes.

Die **repräsentierende Wahrnehmung** wird erfasst, indem die Darsteller nach Unterschieden in ihrem Befinden, ihren Empfindungen, Wahrnehmungen, Haltungen und Emotionen gefragt werden, die sie im Vergleich zu ihrem vorigen Zustand bemerken. Es sind spontane Veränderungen der Körperempfindungen wie auch die Außenwahrnehmungen der RepräsentantInnen. Dabei werden Interpretationen oder Meinungen zum Wahrgenommenen weitgehend vernachlässigt. Diese Empfindungen, insbesondere ihre Unterschiede und Veränderungstendenzen, zeigen regelmäßig ein erstaunlich verlässliches Bild von Beziehungen und deren Veränderungen im abgebildeten System.

Entrollen nennt man das Wiederherausgehen aus einer Rolle, die man als RepräsentantIn eingenommen hatte. Dadurch verschwinden die während der Aufstellung durch repräsentierende Wahrnehmung veränderten Empfindungen. Meistens genügt es dafür, Hände und Gesicht zu reiben, kräftig aufzutreten oder sich auszuschütteln, ein paar rasche Schritte zu gehen, und,»im Zweifelsfall«, den eigenen Namen auszusprechen. Wenn all dies und selbst späteres Duschen noch nicht ausreichen, ist davon auszugehen, dass bei der RepräsentantIn ein eigenes Thema im fremden Anliegen aufgetaucht ist.

Umstellen ist eine Intervention der AufstellungsleiterInnen, die der Verbesserung der Befindlichkeit der RepräsentantInnen dient. Dabei beachten die LeiterInnen die Reaktionen und Rückmeldungen der Klientin oder des Klienten und die Empfindungen und Wahrnehmungen der RepräsentantInnen als Grundlage ihres Vorgehens. Eine Veränderung des Platzes kann aber auch zunächst als »Test« eingesetzt werden und möglicherweise kurzfristig eine Verschlechterung bedeuten, dabei aber indirekte Hinweise auf mögliche das Befinden verbessernde Interventionen geben.

Rituale und **rituelle Sätze** werden zwischen den Umstellungen verwendet und sollen schließlich zu einer Verbesserung der Ressourcen führen, auch wenn während des Rituals vorübergehend erhebliche Verschlechterungen vorkommen können. In der Regel können Rituale als das symbolische Nachholen von Handlungen und Abläufen gesehen werden, die in einem System fehlten. Auch eine prophylaktische Verwendung ritueller Interventionen kann wichtig sein. Oft handelt es sich um stärkende Sätze, eine Verbesserung des Blickkontakts oder die symbolische Rückgabe von Lasten, die jemand anderem gehören.

Orte, Repräsentanten und **freie Elemente** sind die drei Grundkategorien von Symbolen bei Strukturaufstellungen, wobei Symbole die Personen und Gegenstände sind, die in der Aufstellung mit einer Bedeutung versehen werden. Als Orte werden Symbole bezeichnet, die während der Umstellungen den Platz im Wesentlichen nicht verändern, Repräsentanten im engeren Sinne werden von Bild zu Bild von den Aufstellungsleitern umgestellt, während sich »freie Elemente« auch im Bild nach eigenen Impulsen schnell oder langsam bewegen können. Manchmal können Orte und Repräsentanten auch kurzfristig zu »partiell freien Elementen« ernannt werden.

Glaubenssätze sind Annahmen, die wir oft unbewusst innerlich treffen, weil wir in diesem »Glauben« aufgewachsen sind oder Erfahrungen gemacht haben, die uns subjektiv als allgemein gültige Wahrheit erscheinen. Wie zum Beispiel »Zuerst kommt die Arbeit, dann das Vergnügen«.

Die **Glaubenspolaritäten-Aufstellung** ist eine von Insa Sparrer und Matthias Varga von Kibéd entwickelte Form, die sich auch als schützender Rahmen für andere Aufstellungen eignet. Die drei Pole dieser Aufstellung werden im Dreieck als »Orte« angeordnet mit dem Ziel, dass die RepräsentantInnen und damit auch die KlientInnen von diesen Kraftquellen unbehindert nehmen können.

Liebe, Ordnung und **Erkenntnis** sind dabei besonders häufig verwendete Begriffe. Tatsächlich handelt es sich aber um Wortfelder, die je nach Thema flexibel verwendet werden können. »Liebe« ist auch Vertrauen, Mitgefühl und so weiter. »Ordnung« ist auch Struktur, Handlung, Verantwortung und so weiter. »Erkenntnis« ist auch Einsicht, Klarheit, Vision, Wissen und so weiter. In Unternehmen, die einen Wertewandel erleben, ist der Zugang zu diesen »Polen« ein wichtiger Gradmesser für den Erfolg der Neuordnung.

Die **Weisheit** ist ein freies Element innerhalb der Glaubenspolaritäten-Aufstellung. Sie steht über allem und ist so etwas wie eine stärkende Instanz, etwas Größeres, auf das wir zurückgreifen können, es sei denn, sie ist historisch oder biografisch belastet. Während die so genannten »Pole« wie Orte behandelt werden, bewegt sich die Weisheit nach eigenen Impulsen.

Die **Tetralemma-Aufstellung** beruht auf einem Argumentationsschema der klassischen indischen Logik sowie dessen Erweiterung um einen fünften Aspekt aus dem Madhyamika-Buddhismus. Insa Sparrer und Matthias Varga von Kibéd lieferten eine moderne Analyse dieser klassischen Struktur und entwickelten auf dieser Grundlage eine Aufstellungsform.

»**Das Eine**« und »*das Andere*«, die beiden ersten Positionen des Tetralemmas, stellen zwei Pole oder Alternativen dar, die einen Gegensatz oder ein Dilemma bilden.

»**Beides**«, die dritte Position, ist eine Form der übersehen Verbindung zwischen den beiden ersten Positionen.

»**Keines von Beidem**«, die vierte Position, stellt den übersehenen Kontext dar, der bei der bisherigen Betrachtung des Dilemmas außer Sicht oder in Vergessenheit geraten war.

Die **fünfte Position** ist streng genommen eine »Nicht-Position« und wird als »**freies Element**« gestellt. Es bringt den Humor, den Schwung und das Vermögen, durch diese Phasen hindurchzugehen, sowie Reflexionsvermögen und Mitgefühl. Sie ist das Prinzip der Musterunterbrechung und am ehesten mit der Position der »**Weisheit**« in der Glaubenspolaritäten-Aufstellung zu vergleichen. Das freie Element folgt während der Aufstellung seinen eigenen Impulsen und verändert Platz und Haltung nach Gutdünken.

Musterrepräsentation bedeutet, dass eine Klientin oder ein Klient ein Schicksals- oder Verhaltensmuster einer anderen Person übernimmt, indem sie oder er unbewusst fremde Lasten trägt und sich für Aufgaben, die ihr/ihm nicht zukommen, verantwortlich fühlt. Die andere Person kann dabei durchaus unbekannt sein. Häufig handelt es sich um im Familien- oder Organisationssystem ausgeschlossene Personen. Der Ausschluss besteht dabei etwa darin, dass jemand nicht mehr erwähnt, abgewertet, ausgestoßen oder als nicht mehr dazugehörig betrachtet wird.

Die **Unterbrechung einer Musterrepräsentation** geschieht durch ein Ritual, bei dem die zuvor unbewusste Verbindung durch eine bewusste Trennung sowie durch eine neue und selbstständigere Form von Einbeziehung und Würdigung ersetzt wird. Die vorherige Vermischung des eigenen Kontexts mit dem einer anderen Person wird dadurch aufgelöst.

Das Wunder ist ein Begriff aus der lösungsfokussierten Arbeit von Steve de Shazer und Insoo Kim Berg. Es spielt in der Schule von Milwaukee eine zentrale Rolle und wird in der so genannten »Wunderfrage« verwendet. In der Aufstellungsarbeit kann das Wunder als Ressource, aber auch als Gradmesser, wie nahe das Thema bei einer Lösung angelangt ist, verwendet werden. Aufstellungsarbeit und lösungsfokussierte Methoden werden bei den Strukturaufstellungen verknüpft.

Das **Stellen der Wunderfrage** ist eine Gesprächsmethode, durch die inhaltlich geklärt wird, worin das Wunder des jeweiligen Klienten bestünde. Diese Vorgehensweise ermöglicht dem Klienten durch die Einbettung des Wunders in den Alltag in eine lösungsorientierte Haltung zu gelangen, in der bereits erfahren und körperlich erlebt werden kann, wie es ist, wenn das Problem plötzlich schon gelöst ist. Die Klientin oder der Klient kommt so in einen »Als-ob-Zustand« der Lösung, der wertvolle Hinweise zur Entdeckung und Nutzung von Ressourcen gibt. (Siehe auch am Ende des Buchs das Kapitel »Einladung zum Wunder«.)

Das **Ziel** ist ein Element vieler Strukturaufstellungsarten. Während es für das Wunder wesentlich ist, dass wir es als einen ge-

genwärtigen Zustand erfahren können, ist das Ziel eher eine klare, aber zukünftige Grenze. Es wird daher auch meist mit einem konkreten, inhaltlichen Namen versehen, also zum Beispiel »klare Kommunikation in der Firma«, »zufriedene Kunden«, »Gelingen des Projekts« und so weiter.

Das, worum es auch noch geht, ist bei den Systemischen Strukturaufstellungen ein häufig verwendetes Element. Oft beinhaltet es das ausgeblendete Thema, etwas, was eventuell fehlt in einem System oder unbewusst verdrängt wird. Es ist häufig der relevante Hintergrund zum präsentierten Anliegen.

Das **Lösungsgeometrische Interview** ist eine Technik, die von Insa Sparrer entwickelt wurde. Hier werden über die körperlichen Wahrnehmungen hinaus die Repräsentanten um sprachliche Reaktionen und Interaktionen gebeten. Während einer Aufstellung stellt diese Methode eine überraschende Möglichkeit dar, durch das Stellen der Wunderfrage an die RepräsentantInnen und die anschließende Befragung nach Lösungen die Situation zu entspannen und gleichzeitig wertvolle Hinweise auf sinnvolle Veränderungen im System zu erhalten. Durch die »Gesprächsrunde« entsteht meistens Verständnis füreinander; zum Beispiel finden Teams, die vorher zerstritten waren, häufig gemeinsame Strategien.

Die weibliche und die männliche Form der Personenbezeichnungen werden in diesem Buch unsystematisch und abwechselnd verwendet. Wir hoffen, dass sich alle LeserInnen gleichermaßen als gemeint und einbezogen erleben.

Matthias Varga von Kibéd wird im laufenden Text zur Vereinfachung der Lesbarkeit als »Matthias Varga« bezeichnet. »Von den vielfachen Möglichkeiten, meinen Namen falsch zu schreiben, ist mir diese noch eine der angenehmsten« (derselbe auf die Frage, ob er sich diese Verkürzung vorstellen könne).

Zuerst kommt die Arbeit, dann das Vergnügen

»Ich bin Ärztin, und es ist keineswegs so, dass ich den falschen Beruf gewählt habe. Damals zum Beispiel, als ich noch studierte und anschließend wissenschaftlich arbeiten konnte, hatte ich Spaß an meinem Beruf. Aber in den letzten Jahren hat sich das Gefühl, dass meine Arbeit mich krank macht, immer mehr verstärkt.«

Da sitzt sie, erschöpft und blass. Im Gesicht die Spuren von zu vielen Nachtdiensten, denke ich mir. Als Ruth A. weitererzählt, packe ich meine Nachtdiensttheorie wieder ein und nehme wahr, dass sie ihre Schultern hochzieht, während sie spricht, und mit ihren Händen die Knie umklammert. So, als suchte sie Halt bei ihrem verkrampften Körper.

»Meine Arbeit ist eine Last. Ich stehe manchmal in der Früh auf und weine schon beim Zähneputzen. An anderen Tagen bekomme ich plötzlich Durchfall oder muss mich übergeben, wenn ich das Haus verlassen will. Am Wochenende geht es mir dann besser. Mein Mann sagt immer: ›Jetzt stehst du wieder im Aufzug und fährst nach unten‹, wenn sich mein Zustand so plötzlich verschlechtert.«

Matthias Varga bittet Ruth A., ihre augenblickliche Befindlichkeit auf einer Skala von null bis zehn einzuordnen, wobei zehn großes Wohlbefinden bedeutet.

»Kann ich auch unter null gehen?«, fragt sie vorsichtig, und als er mit dem Kopf nickt, schweigt die Klientin eine lange Weile und antwortet dann: »Wenn ich mich als jemanden sehe, der mit dem Aufzug immer wieder in die Tiefe rasselt, dann knalle ich hart auf dem Boden auf, wenn ich bei null ankomme. Wenn ich tiefer gehen kann, dann ist es etwas leichter. Ich bin nämlich bei mindestens minus fünfzehn.«

Als Matthias Varga sie fragt, ob es in der Vergangenheit positive Ausnahmen gegeben hat, von denen sie berichten kann, bekommt ihr Gesicht langsam wieder Farbe, und ihre leise Stimme gewinnt an Klang.

»Ja, im Urlaub. Im letzten Jahr war ich so erschöpft, dass ich mir dachte, dass ich unbedingt eine Kur brauche. Aber weil mir körperlich nichts fehlte, habe ich beschlossen, mir durch einen Aufenthalt am Meer Abstand zu verschaffen. Ich arbeite als Ärztin an einer Universitätsklinik und komme nicht dazu, einen klaren Gedanken zu fassen, solange ich im Hamsterrad meiner Arbeit gefangen bin. Vier Wochen Urlaub! Zum ersten Mal in meinem Leben. Alleine das Wissen, dass ich bald nicht mehr in die Klinik gehen muss, hat mein Befinden schon vor dem Urlaub von minus fünfzehn auf null verbessert.«

Ruth A. löst ihre Hände von den Knien, lächelt, breitet beide Arme aus und zeigt, wie lange die Spanne von minus fünfzehn bis null für sie ist.

»Wir waren auf Kreta, mein Mann und ich. Essen, schwimmen, lesen ... Vor allem lesen und denken. Das war für mich das Wichtigste. Schon als Kind, wenn ich im Sandkasten saß, habe ich den anderen beim Spielen zugeschaut und mir Gedanken gemacht, wie das eine Kind reagieren wird, wenn ihm das andere mit der Schaufel auf den Kopf drischt. Auf Kreta lag ich im Liegestuhl und habe den ganzen Tag nur eines gedacht: ›Mein Gott, kann es mir gut gehen!‹ Nach drei Tagen war ich auf der Skala meines Wohlbefindens schon auf plus neun! Die nächsten vierzehn Tage meines Urlaubs habe ich zu Hause verbracht und sie als ›Arbeitsurlaub‹ deklariert. Ich war erstaunt, dass in diesem Zusammenhang Arbeit ihren bitteren Beigeschmack verliert. Ich führe nebenbei eine Privatpraxis. Ich habe meine Papiere geordnet und die vielen Ärztejournale gelesen, die sich unterm Jahr angesammelt haben. Doch langsam und schleichend kam der Schatten wieder, dass jetzt bald die ›echte‹ Arbeit an der Klinik wieder beginnt. Zum ersten Mal in meinem Leben ist mir aufgefallen, wie extrem dieser Kontrast zwischen Urlaub und Arbeit für mich ist. Und darum bin ich jetzt hier. Mein Ziel ist es, mehr Leichtigkeit bei meiner Arbeit zu finden.«

Auf die Frage, ob es jemanden in der Familie gibt, der es schwer gehabt hat, seinen Beruf auszuüben, nennt Ruth A., ohne zu zögern, ihre Lieblingstante.

»Meine Mutter mochte sie nicht, weil sie aus ihrer Sicht faul war.«

Auch der Bitte, zu überlegen, ob es in ihrer Familie so etwas gibt wie einen Glaubenssatz, den sie als Kind oft gehört hat, kommt sie mühelos nach und antwortet wie aus der Pistole geschossen.

»Zuerst kommt die Arbeit und dann das Vergnügen.«

Matthias Varga bittet sie jetzt noch, sich die Vorstellung zu erlauben, dass ein Wunder geschieht und sich ihre Probleme und vielleicht einiges darüber hinaus über Nacht lösen, einfach so.

Ruth A. sitzt jetzt ganz entspannt da, die Schultern locker, die Hände ruhig im Schoß gefaltet, und erzählt von den Veränderungen, die sie dann wahrnehmen könnte.

»Ich würde es auf jeden Fall daran merken, dass ich in der Früh aufstehe und mehr lächle und mehr rede. Im Krankenhaus würde ich mich dann weniger an der Morgenbesprechung beteiligt fühlen. Das wäre ein guter Schutz für mich, weil mich normalerweise dort ein Medizinsystem überfällt, das ich schrecklich finde und mit dem ich mich nicht identifizieren kann. Für mich ist die Seele genauso wichtig wie der Körper, und das kommt bei meiner Arbeit im Krankenhaus viel zu kurz. Wenn ich jemals im Lotto gewinne, dann werde ich eine psychosomatische Klinik gründen. Bis dahin ist diese Distanz zum System für mich wichtig.«

Auf die Nachfrage, wer das Wunder an ihr bemerken könnte, lächelt Ruth A. und erzählt weiter.

»Wenn ich nach der Arbeit nach Hause komme, würde es natürlich mein Mann merken, weil es mir besser ginge. Ich glaube, er würde mich sogar fragen, ob ein Wunder passiert sei. Wir würden uns beim Abendessen fröhlich und angeregt miteinander unterhalten, und ich könnte viel besser schlafen. Die einzige Person, der ich es lieber nicht erzählen würde, vor der ich das Wunder sogar unbedingt geheim halten müsste, ist meine Mutter. Sie könnte es überhaupt nicht verkraften, wenn mir meine Arbeit Spaß macht. Denn richtige Arbeit muss hart sein. Wer Spaß dabei hat, ist faul. Sie hat diesen Satz ›Zuerst kommt die Arbeit und dann das Vergnügen‹ total verinnerlicht. Es ist für sie undenkbar, dass die beiden Begriffe harmonisch miteinander verbunden sein könnten. Ich telefoniere täglich mit ihr, und ihr Standardsatz ist: ›Du bist ja sicher völlig fertig und hast einen schweren Tag gehabt.‹ Je breiter ich ihr mein Leid erzähle, desto zufriedener wird sie. Sie will nicht, dass es mir schlecht geht, so ist das nicht. Aber sie hat genauso gelebt wie ich jetzt, sie kannte nichts als Arbeit, und das kommt ihr ganz richtig vor. Sie war schon fünfundsiebzig, da hatte sie immer noch eine gut gehende Arztpraxis und sagte jeden Morgen: ›Heute habe ich wieder einen schweren Tag.‹ Es war so absurd. Seit sie nicht mehr arbeitet, beklagt sie den schweren Tag, auch wenn sie nur zum Friseur oder zur Kosmetikerin geht.

Die Aufstellung für Ruth A.

- Ruth A.
- Die Mutter
- Der Vater
- Die Lieblingstante
- Das Wunder

Später ergänzt:

- Die Eltern des Vaters
- Die Eltern der Mutter

Bilder in den Raum gestellt

Matthias Varga bittet Ruth A. zunächst, ihrer Repräsentantin den Glaubenssatz der Familie ins Ohr zu flüstern, damit sie ihn gut verinnerlichen kann: »Zuerst kommt die Arbeit und dann das Vergnügen.«

Vier Menschen stehen im Raum, allen geht es schlecht. Sie fühlen sich wackelig, spüren kalte Schauer und scheinen auf einen bestimmten hellen Fleck zu starren, der sich vor der Repräsentantin von Ruth A. auf dem Boden befindet. (Es ist ein helleres Stück Holz im Parkettboden.) Ruth A. hat in diesem Bild zu niemandem Kontakt, sieht gerade noch aus den Augenwinkeln ihre Lieblingstante und spricht von ihrer Erstarrung.

Die Mutter kann ihre Tochter zwar sehen, entwickelt aber keinerlei Gefühle: »Für mich ist es so, als wäre sie nicht mein Kind.«

Die Lieblingstante furcht besorgt die Stirn, und ihre Sorge scheint sich sogar auf die leuchtend blaue Farbe ihres Kleides zu übertragen. Sie wirkt plötzlich stumpf.

Jetzt spricht die Tante, und es ist, als ob sie ihren breiten Rücken noch breiter macht: »Ich muss Ruth vor etwas schützen, was von hinten kommt, auch wenn ich nicht weiß, was es ist.«

Auch das »Wunder«, dargestellt von einer Frau, kann keine positiven Gefühle entwickeln und fühlt sich mit niemandem in Kontakt.

Der Vater sitzt am Rand des Bildes und wurde noch nicht in den Raum gestellt. Er erzählt von seinem Galgenhumor und dass ihn nichts anderes interessiert als das rote Halsband des Wunders: »Ich muss ihr einfach auf den Hals starren, ich kann nicht anders.«

Noch ehe Matthias Varga die Frage stellen kann, ob der Klientin etwas an dem Bild vertraut ist, springt sie aufgeregt auf.

»Es ist unglaublich, einfach unglaublich. Mein Vater hat sich mit einem Strick umgebracht. Ich wusste lange nicht, dass er Selbstmord begangen hat, niemand hat es mir erzählt. Sie sagten mir, dass es ein Verkehrsunfall gewesen sei. Ich hatte schon als Kind den Eindruck, dass das nicht stimmt, und bin mit der heimlichen Hoffnung aufgewachsen, dass mein Vater irgendwann wiederkommen wird. Heimlichkeiten haben in meiner Familie immer eine große Rolle gespielt.«

Später wird sie erzählen: »Als ich hörte, dass der Repräsentant meines Vaters sich auf das rote Halsband bezieht, hatte ich das Gefühl, als ob das Blut aus meinem Gesicht schlagartig nach unten rinnt. Es war ein Augenblick, in dem ich spürte, dass ich plötzlich vor etwas Großem, Ehrfürchtigem stehe, das auch einen gewissen Schrecken hat. Was für mich am erstaunlichsten war, ist, dass aus dem Strick, der in meiner Erinnerung mit Entsetzen verbunden war, jetzt plötzlich eine schöne, rote Kette wurde.«

Ruth A. wird nun gebeten, den Repräsentanten des Vaters ins Bild zu führen, und stellt ihn genau auf den Platz hinter ihrer Tante, obwohl sie später erzählt, dass sie die Worte der Schwester ihres Vater, die dort eine Bedrohung für ihre Nichte vermutete, nicht gehört hat.

Die Tante spürt kalte Schauer und verschränkt ihre Arme vor der Brust: »Jetzt weiß ich endlich, wovor ich Ruth schützen musste.«

Die Eltern des Vaters, die als gewählte Repräsentanten am Rand sitzen und nicht aufgestellt worden sind, werden befragt. Der Vater hält eine lange, umständliche Rede. Er analysiert den Tod seines Sohnes fast wissenschaftlich, aber ohne Emotion. Wenn das Grauen zu groß wird, werden wohl manchmal die Gefühle auf Dauer abgeschaltet.

Erst als alle Repräsentanten in einem geordneten Bild stehen, verlässt das Gefühl von Entsetzen den Raum: Das Wunder und Ruth A. stehen den Eltern gegenüber, die in großem Abstand nebeneinander ihren guten Platz finden, jeder jeweils die eigenen Eltern im Rücken.

Das Wunder ist jetzt sehr an Ruth A. interessiert und übergibt ihr die rote Kette. Sie legt sie – und es ist wie eine Verneigung vor ihm – ihrem Vater zu Füßen.

Er wirkt glücklich, aber auch erstaunt, so, als ob er seine Tochter zum ersten Mal sieht. Sein Hals, der bisher starr und schief (vom Strick, mit dem er sich erhängt hat?) war, ist nun gerade. Sein ganzer Körper entspannt sich, plötzlich wird aus einem zerquälten Wesen ein schöner Mann mit einer warmen Stimme, der die Worte, die Matthias Varga ihm vorschlägt, mit großer Empathie nachspricht.

»Mein Herz schlägt für dich, und die Last, die du bisher getragen hast, gehört mir. Und nicht einmal das Wunder hat ein Anrecht darauf. Für mich ist es gut, dass du dein Leben weitergelebt hast. Ich freue mich, wenn du es von nun an leichter hast.«

Er schaut zu den Großeltern mütterlicherseits, bei denen Ruth A. aufgewachsen ist: »Ich danke euch, dass ihr für meine

Tochter gesorgt habt. Es ist schön, dass sie bei euch so gut aufgehoben war.«

Als er seine Frau ansieht, fängt sie an zu weinen und sagt: »Was damals geschah, war so furchtbar für mich, dass ich mein Leben lang hart gearbeitet habe, um mein schweres Schicksal zu vergessen.«

Ruth A. wird neben ihr Double ins Bild gestellt.

Sie sagt mit Tränen in den Augen: »Lieber Vater, ich sehe zum ersten Mal, dass es dir gut geht. Sie haben so viele Geheimnisse um dich gemacht, dass ich nicht einmal das wissen konnte. Und wenn es mit meiner Arbeit in Zukunft leichter wird und ich es vor meiner Mutter geheim halten muss, dann erzähl ich dir davon. Und dann schau bitte besonders freundlich zu mir.«

Sie schaut zur Mutter und zeigt strahlend auf das Wunder. Fast wie ein Kind, das stolz auf seine neue Puppe ist.

»Das ist mein Wunder, und damit gehe ich von nun an auf meine Weise um.«

Was Ruth A. eineinhalb Jahre später erzählte

Mir geht es inzwischen viel besser. Es ist nicht so, dass ich nicht auch jetzt noch manchmal tief falle. Aber eben nur manchmal. Und dann stehe ich viel leichter wieder auf als früher.

In meinem Leben hat sich vieles verändert. Einiges ganz schnell, anderes erst so nach und nach. Aber es ist erstaunlich, dass sich auch jetzt noch immer positive Veränderungen ergeben und ich das Gefühl habe, dass es noch nicht zu Ende ist. So, als ob manche Dinge mehr Zeit brauchen, um zu wirken.

Was ich sofort nach der Aufstellung hatte, war das Bild, die Vorstellung, dass es für mich ganz wichtig ist, den Tag in einen Rahmen zu setzen. Dass es ein »vor« und ein »nach der Arbeit« geben muss.

Früher habe ich mich von der Arbeit vollkommen überschwemmt gefühlt, und diese Grenze, die ich inzwischen innerlich und auch äußerlich ziehe, gibt mir das Gefühl, dass mein Leben nicht nur aus Arbeit besteht.

Ich nehme mir jetzt morgens Zeit und stelle mich ans Fenster und beobachte, wie der Tag beginnt. Ich betrachte meine Pflanzen im Garten, nehme das Morgenlicht wahr und denke mir, das ist das eigentliche Leben. Im Winter mache ich im Bad erst einmal das Fenster weit auf und atme in die Dunkelheit hinaus. Ganz bewusst mit dem Gefühl: Jetzt ziehe ich das wirkliche Leben in mich hinein. Das ist für mich ein wesentlicher Unterschied zu früher, als ich oft schon beim Zähneputzen geweint habe. Wenn ich Verzweiflung aufkommen spüre, dann bemühe ich mich, im Augenblick zu bleiben und mich auf das zu konzentrieren, was ich gerade tue. Ich muss mir das Wunder immer bewusst in meine Erinnerung zurückholen. Es ist nicht immer leicht, aber es klappt.

An der Klinik habe ich auch schon einige Gewohnheiten verändert. Ich trinke nach der Morgenbesprechung noch in Ruhe Kaffee und nehme mir Zeit für mich, bevor ich an die Arbeit gehe. Manchmal kommt jemand aus dem Team mit in die Cafeteria.

Mittags mache ich jetzt immer eine Pause. Ganz bewusst als Unterbrechung meiner Arbeit. Das habe ich früher auch schon versucht, aber es ist mir nicht oft geglückt.

Am Abend setze ich mich zuerst an meinen Gartenteich und bin einfach nur mit mir in meiner Stille. Und im Winter ruhe ich mich in meinem blauen Ohrensessel aus und lege die Beine hoch. Damit schließe ich meine Arbeit bewusst ab und sorge für diesen Rahmen, der mir so wichtig geworden ist.

Eine andere große Veränderung ist, dass ich in den Monaten nach der Aufstellung so nach und nach die meisten Abendtermine abgeschafft habe. Ich war früher sehr stark sozial engagiert und bin in vielen Gremien gesessen. Jetzt habe ich nur noch eine einzige Funktion behalten, die mir am Herzen liegt.

Bald danach kam es auch zu einem sehr persönlichen Gespräch mit meiner Mutter. Wir haben – auf ihre Initiative – über die Zeit geredet, als ich klein war. Sie sprach davon, wie schwer es damals für sie war. Das hat mich total verblüfft, weil ich ihr nichts von meiner Aufstellung erzählt habe. Es war wie eine Erlösung für uns beide. Sie dachte, dass ich von all dem nichts mitbekommen hätte, und war sehr berührt, als ich ihr erzählte, wie wichtig es schon als Kind für mich war, dass es ihr gut geht. Und wie sehr ich gehofft hatte, dass mein Vater zurückkommen würde.

Seit diesem Gespräch muss ich es nicht mehr vor ihr geheim halten, wenn es mir gut geht. Ich fühle mich nicht mehr verpflichtet, für sie unter meiner Arbeit zu leiden. Und das tut uns beiden wohl.

Es gab eine Veränderung, die ich erst nach mehr als einem Jahr bemerken konnte. Mein Verhältnis zum Oberarzt meiner Abteilung hat sich vollkommen entspannt, es gibt viel mehr gegenseitige Wertschätzung. Außerdem entwickle ich Projekte innerhalb der Klinik, bei denen es um Psychosomatik geht. Ich merke, dass ich endlich meiner wahren Berufung näher komme, nämlich die Seele und den Körper der Menschen bei ihrer Heilung zu unterstützen.

Systemisches Wissen

Ein wichtiges Hindernis, wenn es darum geht, eigene Ziele zu verwirklichen oder beruflich erfolgreich zu sein, stellen häufig unbewusste Loyalitäten zu Personen aus der Herkunftsfamilie dar. Für Ruth A. gab es als Kind ein Geheimnis um ihren Vater, der plötzlich aus ihrem Leben verschwunden war. Jahrelang ersehnte sie heimlich seine Rückkehr. Doch über ihn zu sprechen war tabu, und so erfuhr sie erst viel später von seinem tragischen Ende.

Die Erinnerung an ihn und damit an das schreckliche Ereignis war für die Mutter so schmerzhaft, dass sie Ruth die Geschichte über seinen Tod vorenthielt und ihr Leben hauptsächlich der Arbeit widmete. Durch das Schweigen der Familie wurde ihm gewissermaßen das Recht auf Zugehörigkeit verweigert.

Was Ruth mit ihrem Vater verband, war nicht nur ihre Sehnsucht nach ihm, sondern auch das gemeinsame Leiden. Unbewusst ehrte sie damit sein Andenken. Die Aufstellung half ihr nun, die Gemeinsamkeit im Leiden durch gemeinsames Glück zu ehren: Von nun an kann sie ihm symbolisch innerlich von ihren Erfolgen und der neu gewonnenen Leichtigkeit bei der Arbeit erzählen. Auf diese Weise wird zwischen ihr und ihrem Vater ein neues Band geflochten, in das schließlich sogar die Mutter einbezogen werden kann.

Von der Mutter nahm Ruth in ihr Erwachsenenleben den Glaubenssatz mit, dass Arbeit schwer sein muss und Arbeit und Vergnügen etwas voneinander Getrenntes sind. Dieser Glaubenssatz konnte sich in der Aufstellung umwandeln, da er sich bei der Mutter auf denselben Anlass – den Tod ihres Vaters – bezog.

Die Geschichte enthält auch einen Verzicht auf Be- und Verurteilung, denn Selbstmord ist häufig auch für die Nachkommen noch mit der Gefahr sozialer Abwertung und Verurteilung verbunden. Durch die symbolische positive Einbeziehung des Vaters gelingt es Ruth A., auf jede Beurteilung seiner Entscheidung zum Freitod zu verzichten.

Innenleben eines Projekts

»Ich berate den Abteilungsleiter einer großen Firma, der ein Projekt betreut«, erzählt Uwe M. »Es gibt vier Projektleiter und deren Teams. Zwei arbeiten mit alten Technologien, zwei davon mit neuen. Ich habe den Eindruck, dass diese vier Teams nicht wirklich gut zusammenarbeiten. Jedenfalls kommt das Projekt nicht so richtig auf die Füße, und ich möchte gerne herausfinden, worum es wirklich geht.«

Im Schutz der Anonymität wagt es der Berater, der den Namen der Firma streng geheim hält, nach einer Lösung zu suchen.

Die Bilder werden in den Raum gestellt, Eigenartiges kommt zu Tage. Nein, es geht in Wahrheit nicht um die Mitarbeiter des Abteilungsleiters. Die vier Teams sind nicht ideal vernetzt, das stimmt. Aber in dem Augenblick, in dem sie im Zuge der Aufstellung das Projekt, das sie entwickeln sollen, wirklich sehen, lässt ihr Interesse an der gestellten Aufgabe nichts mehr zu wünschen übrig.

Das, worum es wirklich geht, liegt viel tiefer: Der Abteilungsleiter ist in Intrigen mit dem Controller der Firma verstrickt, und sein Repräsentant lässt sich durch nichts dazu bewegen, sich für das Projekt wirklich zu interessieren. Selbst als ihm Insa Sparrer die Vorstandsebene mit seinem direkten Chef, auf dessen Initiative das Projekt zustande kam, zur Stärkung in den Rücken stellt, bringt ihm das keine Erleichterung. Er fühlt sich noch unwohler und beschwert sich, dass ihn seine Vorgesetzten unter Druck setzen.

»Die Wahrheit ist, dass ich sie einfach nicht mag«, sagt er am Ende der Aufstellung mit Blick auf die Frau, die das Projekt darstellt.

Die Aufstellung für Uwe M.

- Uwe M., der Berater
- Der Abteilungsleiter
- Projektleiter A neue Technologien
- Projektleiter B neue Technologien
- Projektleiter C alte Technologien
- Projektleiter D alte Technologien
- Der Controller der Firma
- Das Projekt
- Vier Personen für die jeweiligen Teams, die den Projektleitern zugeordnet sind als gewählte Repräsentanten

Später ergänzt:

- Die drei Vorstände der Firma, unter ihnen der Chef des Abteilungsleiters

Bilder in den Raum gestellt
Renate Daimler erzählt als Repräsentantin des Projekts

Ich bin schön. In meinem roten langen Kleid stehe ich da. Wohlgeformt, sicher und passend. Ich bin das Projekt.

Dann legen sich schwere Hände auf meine Schultern und schieben mich durch den Raum. Meine Füße versinken im Boden, schleppend wird mein Gang. Meine Beine verlieren ihre Festigkeit und werden weich wie Gummi. Ohnmacht sickert in jede meiner Zellen.

Dann bin ich angekommen. Die Hände lassen meine Schultern los, der Druck bleibt, und ich spüre, wie mir ein Buckel wächst.

Ich bin hässlich. Und plötzlich wirkt mein rotes langes Kleid lächerlich. Ich sehe auf meine Füße, sie sind nach innen gedreht, mein Körper hat sich verwandelt. »Unförmiger Teig«, sagt es in mir, und als ich mit einem Ruck meinen gesenkten Kopf heben will, damit der Albtraum aufhört, merke ich, dass mich das mehr Kraft kostet, als ich aufbringen kann.

Dann kommen Füße. Sie werden zwei und zwei hereingeführt, eingesperrt in Sandalen. Sie stehen mir gegenüber, und als zwei Füße dazukommen, die gelbe Schuhe tragen, weiß ich, dass der Mensch, dem sie gehören, der Wichtigste ist für mich.

Eine Stimme aus der Ferne fragt mich, was ich für Unterschiede wahrnehme, seit ich hierher an meinen Platz geführt wurde, und ich hebe mit übermenschlicher Anstrengung meinen Kopf. Ich sehe die Menschen, die zu diesen Füßen gehören, und spüre sofort, dass ich ihnen gleichgültig bin.

»Diese Männer haben nur eine Gemeinsamkeit, sie haben dieselbe Schuhkultur.«

Ich spreche den Satz mit harter, klarer Stimme und merke, dass ich absichtlich verletzen will, weil ich verletzt bin.

»Und der eine, der sich unterscheidet, weil er statt Sandalen gelbe Schuhe trägt, ist der Wichtigste. Er bedroht mich.«

Der, der mich bedroht, wird im Gespräch »Controller« genannt. Ich höre, dass er über mein Leben oder Sterben entscheiden wird.

»Wenn es sich nicht rechnet, wird es eingestellt«, sagt er, als ob ich ein Ding wäre.

Die anderen Männer werden gefragt, und in mir brodelt der Zorn. Sie reden alle über sich. Über ihre Animositäten untereinander, darüber, dass sie mehr Beachtung brauchen, oder darüber, dass sie ihre eigenen Ziele verfolgen. Keiner spricht über mich, keiner interessiert sich für mich. »Ich bin das Projekt«, will ich schreien, »ich bin wichtig!« Aber ich habe keine Stimme. Einer nach dem anderen dokumentieren sie ihr Desinteresse, und ich senke wieder meinen Kopf.

Dann kommen wieder Füße. Diesmal tappend, unsicher. Sie unterscheiden sich von allen anderen, weil sie in weichen Leinenschuhen stecken. Aber das scheint hier kein Wohlgefühl auszulösen, sondern nur Hilflosigkeit. Ich erfahre, dass die Füße zum Berater der Firma gehören, und hebe meinen Blick. Mein Gott, wenn der für mich sorgen soll, bin ich verloren. Hilflosigkeit und Zorn kommen auf.

Jetzt spricht der Berater über mich: »Ich verstehe nicht, warum das Projekt so traurig ist. Ja, es gibt Schwierigkeiten, aber doch nicht so gravierende ...«

Als ich antworte, spucke ich meine Worte in die Runde: »Ich bin nicht traurig! Ich bin wütend, denn ihr seid ein trauriger Haufen. Ihr seid alle so mit euch selbst beschäftigt, dass sich keiner für mich interessiert.«

Endlich geschieht etwas. Die Projektleiter werden in eine Reihe nebeneinander gestellt, sodass sie mich sehen können. Mir wird warm ums Herz, als mich einer der vier anlächelt. Ich lächle zurück.

»Dich mag ich«, sage ich. »Du interessierst dich wirklich für mich.«

Später erfahre ich, dass er mein Geburtshelfer war, dass er der Erste war, der sich mit mir beschäftigt hat.

Solange ich meinen Blick nur auf die Männer richte, die mich entwickeln sollen, geht es mir etwas besser. Ich höre zu, wie sie mit ihren Technikern reden, die mich bauen werden. Zum ersten Mal habe ich das Gefühl, dass ich gemeint bin, dass jemand mich will. Es ist beruhigend zu wissen, dass es hinter den Männern in Sandalen noch Menschen gibt, die sich um mich kümmern werden.

Nun spricht der Abteilungsleiter. Da werden meine Beine wieder schwach. Und während er spricht, weiß ich, dass er nicht die ganze Wahrheit sagt.

»Ich bin seltsam unbeteiligt«, bekennt er.

Und ich möchte laut rufen: »Sag doch, worum es hier wirklich geht!«

Die Vorstände der Firma werden hinter ihn gestellt. Endlich eine Stütze für mich. Speziell der große Blonde, der aussieht wie Lex Barker, lächelt mir zu. Ich bin sicher, dass er es war, der sich mich gewünscht hat. Ich merke, dass ich meine Schönheit wieder spüre. Mein Buckel verschwindet, meine Schultern straffen sich. Kurzfristig kann ich mich beruhigen. Da hinten steht mein Verbündeter, der Chef des Abteilungsleiters.

Dann spricht leider wieder der Abteilungsleiter: »Die Vorstände üben einen ungeheuren Druck auf mich aus. Es ist nicht angenehm, dass sie hinter mir stehen.«

Und wieder kommt dieses Gefühl der Unsicherheit, dass der Controller, der bei diesen Worten kritisch schaut, mein Ende absegnen wird.

Am Rand des Geschehens steht hilflos der Berater und findet den Schlüssel zur Lösung nicht. Ich möchte ihm zurufen, dass sein Klient, der Abteilungsleiter, das Problem ist, dass bei uns alles in Ordnung ist. Aber ich sage nichts, denn er kann mich auch nicht retten. Ihm fehlt die Macht.

Jetzt werde ich eingeladen, meine Position zu verändern. Das ist angenehm, ich kann jetzt mit vollem Blick auf meine Projektleiter schauen. Seit sie sich einig sind und ihre Techniker hinter sich wissen, spüre ich eine Überlebenschance.

Aber am Ende bleibt mein Zweifel: Dieser Fisch stinkt vom Kopf. Es gibt etwas, was der Abteilungsleiter nicht sagt. Und solange es ungesagt bleibt, ist mein Leben in Gefahr.

Nachtrag zu Uwe M.

Das Rätsel, dass das Projekt, obwohl es scheinbar alle notwendigen Ressourcen bekommt, sich bis zum Ende der Aufstellung nicht wohl fühlt und es nicht schafft, das Interesse des Abteilungsleiters zu gewinnen, löst sich durch eine nachträgliche Mitteilung von Uwe M.: »Ich habe in dieser Schärfe die Ablehnung des Abteilungsleiters, den ich berate, nicht wahrgenommen. Ich weiß aber, dass er zur Leitung dieses Projekts ›eingeteilt‹ wurde und dass es damals wahrscheinlich nicht seine freie Wahl war.«

Systemisches Wissen

Die Aufstellung zeigt zunächst, dass das Projekt nicht genug Aufmerksamkeit bekommt. Der Abteilungsleiter scheint seltsam unbeteiligt, die Projektleiter sind mit sich und ihren Intrigen beschäftigt. Sie sind Einzelkämpfer, haben zu wenig Kontakt untereinander und tragen auf Kosten des Projekts ihre Machtkämpfe aus. Erst als sie in einer Reihe stehen und gemeinsam auf das Projekt schauen, atmet es kurzfristig auf.

Auch die Techniker, die das Projekt bauen sollen, haben zu wenig Kontakt zu ihren Vorgesetzten. Das Projekt fühlt sich wesentlich sicherer, als diese Vernetzung stattfindet. Es freut sich vor allem, seinen »Geburtshelfer« zu sehen, den Mann, der von Anfang an mit seiner Entwicklung beschäftigt war.

Der Berater wird als hilflos wahrgenommen, wohl auch, weil ihm eine wichtige Information fehlt.

Was rätselhaft bleibt, ist die Haltung des Abteilungsleiters, der sich von der Vorstandsebene unter Druck gesetzt fühlt und durch nichts gestärkt werden kann. Das Projekt, argwöhnisch betrachtet vom Controller, der die Finanzen im Auge behalten muss, sieht sich in Gefahr, weil es nicht in guten Händen ist. Es vermutet Ungesagtes und fühlt sich bis zum Schluss verunsichert.

Das Rätsel löst sich durch eine Mitteilung von Uwe M. im Anschluss an die Aufstellung. Der Abteilungsleiter, dem »ungeliebten« Projekt offenbar unfreiwillig zugeordnet, kann die ihm gestellte Aufgabe nicht wirklich zu seiner Sache machen. Das erklärt auch, warum er sich nicht unterstützt fühlt, als ihm die Vorstandsebene als Stütze in den Rücken gestellt wird. Seine Vorgesetzten wollen das Projekt, sie üben Druck auf ihn aus. Die Tatsache, dass er sich nicht mit diesem Auftrag identifizieren kann, wirkt sich aus, auch wenn er sich nach außen bemüht, seine Projektleiter zu unterstützen.

Diese Geschichte zeigt sehr schön, dass es nicht nur eine Frage der Kompetenz der Beteiligten ist, ob ein Projekt gelingt. Ebenso wichtig ist, ob der Leiter auch hinter seinem Projekt stehen kann, es befürwortet und selber fördern will. In Aufstellungen zeigen sich die Beziehungen zwischen Personen, Aufgaben, Ressourcen und Schwierigkeiten.

Ein »neues« Bild ermöglicht Änderungen der Beziehungsstruktur. Auf diese Weise kann ein Lösungsbild eine intensive Förderung für gezielte Veränderungen sein und über die Aufstellung hinaus wirken.

Die versteckte Trauer

»Ich bin Abteilungsleiterin in einem großen Sporthaus, und in den letzten Monaten erlebe ich immer wieder dieselbe Szene: Ein Kunde kommt, und alle machen sich unsichtbar. Der eine versteckt sich hinter den Rucksäcken, die andere beugt sich noch tiefer über die neuen Preisschilder, der Dritte verschwindet auf der Toilette. Und wenn ich sie anschließend daran erinnere, dass der Kunde bei uns König ist, dann gibt es regelmäßig Streit. Jeder beschuldigt jeden, die Stimmung ist vergiftet. Ich kann mich schon nicht mehr daran erinnern, wann wir das letzte Mal alle miteinander nach der Arbeit noch auf ein Bier gegangen sind.

Einmal im Jahr gibt es einen Betriebsausflug. Das ist eigentlich das Highlight der Saison. Da sperren wir für einen ganzen Tag zu, damit alle teilnehmen können, und sogar die Seniorchefin, die bald achtzig wird, ist dabei. In diesem Jahr ist aus meiner Abteilung zum ersten Mal keiner mitgekommen. Ich habe es erst im Autobus gemerkt, weil am Vorabend keiner etwas gesagt hat. Am nächsten Tag hatte jeder eine andere Ausrede: Zahnweh, verstauchter Fuß, Kind plötzlich krank ... Ich habe mehrfach versucht, durch Gespräche auf das Problem zu kommen, aber es gelingt mir nicht. Ich bin schon ganz verzweifelt. Langsam macht sich die miese Stimmung auch beim Umsatz bemerkbar. Nächste Woche habe ich ein Gespräch mit der Geschäftsleitung, wo ich mich dafür rechtfertigen muss.«

Karin S. denkt lange nach, als sie gefragt wird, ob in der Firma etwas Außergewöhnliches passiert ist, ob jemand gekündigt, ungerecht behandelt wurde oder ob jemand aus anderen Gründen gegangen ist ...

»Nein«, sagt sie. »Mir fällt nichts ein.«

Die Aufstellung für Karin S.

- Karin S.
- Angestellter A
- Angestellte B
- Angestellter C

Später ergänzt:

- Hannes

Bilder in den Raum gestellt

Die drei Angestellten stehen beziehungslos zueinander im Raum, alle mit gesenktem Kopf. Sie scheinen auf etwas Bestimmtes zu starren, das sich vor ihnen auf dem Boden befindet. Auch die Repräsentantin von Karin, die ihre Mitarbeiter im Blick hat, wirkt deprimiert.

Die Aufgestellten nennen alle »bedrückende« Symptome.

»Eine Last liegt auf meinen Schultern«, sagt der eine.

»Ich spüre einen Schmerz in der Brust«, meint die andere.

Und der, der den Mann darstellt, der immer auf die Toilette geflüchtet ist, hat plötzlich starke Rückenschmerzen.

»Hier ist etwas Schreckliches geschehen«, sagt das Double von Karin, die Abteilungsleiterin, und ihre Augen füllen sich mit Tränen.

Am Rand des Geschehens sitzt die »echte« Karin S. und weint mit. Es sind keine Fragen mehr notwendig. Aus ihr sprudelt die Geschichte, die sie »vergessen« hatte.

»Es war vor vier Monaten. Wir haben gerade Inventur gemacht und waren alle mit unseren Listen beschäftigt. Da kam die Seniorchefin mit verweinten Augen und sagte: › Ich muss euch etwas Furchtbares mitteilen.‹

Noch ehe sie weitersprach, wusste ich, dass Hannes tot war. Jedes Mal, wenn er sich unbezahlten Urlaub genommen hatte, um eine seiner extremen Klettertouren zu machen, hatte ich Angst. Er war so jung und so begeistert und so unvorsichtig. Jeder hatte ihn gern. Er war so etwas wie das ›Abteilungsmaskottchen‹. Er war nicht oft da, weil die Berge ihm so wichtig waren und unsere Rucksackfirma ihn sponserte. Das wurde von allen toleriert, und jeder wusste, dass es hauptsächlich darum ging, dass er irgendwo versichert war. Aber er war wichtig für uns. Er war jemand, der uns an unsere eigenen Träume erinnerte, der immer voller Elan von seinen Bergabenteuern zurückkam und frischen Wind in die Abteilung brachte. Jetzt weiß ich, dass alles anfing, als er starb. Wir waren so geschockt, dass wir seither nie mehr darüber geredet haben.«

Insa Sparrer bittet Karin, jemanden für Hannes auszuwählen. Sie steht auf, schaut sich lange unter den Teilnehmern des Seminars um und geht dann auf einen großen, schlanken, sehr jungen Mann zu. Wortlos sieht sie ihn an. Er nickt ernst und steht auf. Er scheint bewegt, dass er einen Menschen seines Alters darstellen wird, der tot ist.

Der Platz, auf den sich alle Augen richten, ist nun besetzt.

Sechs Augenpaare heben ihren Blick, und plötzlich kommt Bewegung in die Gruppe. Trauer, die so lange zurückgehalten wurde, dass Rücken schmerzen, Herzen wehtun und Schultern unter der Last fast zusammenbrechen, kommt wie eine Flut und überschwemmt die Gruppe. Es gibt kaum jemanden im Raum, der nicht bewegt ist oder Tränen in den Augen hat.

Die Trauerarbeit, die unter Insa Sparrers achtsamer Anleitung nun beginnt, öffnet die Herzen. Die Sätze, die an den Repräsentanten des toten Kollegen gerichtet werden, sind warm und herzlich.

»Auch dort, wo du jetzt bist, gehörst du zu uns.«

»Wenn wir von nun an über dich sprechen werden, dann behalten wir dich in guter Erinnerung.«

»Ich vermisse dein Lachen und deine Fröhlichkeit und sehe dich manchmal so vor mir.«

»Durch dich werde ich mich immer wieder an meine eigenen Visionen erinnern.«

Der Abschied von Hannes tut gut. Jede und jeder bekommt Raum, um noch etwas zu sagen.

Hannes lächelt und strahlt still: »Mir geht es gut, es ist schön, wenn ihr wieder fröhlich seid.«

»Und so werde ich es auch in der Firma machen«, sagt Karin S. nach der Aufstellung. »Ich weiß jetzt, dass wir ein Abschiedsritual brauchen, dass mein Schweigen, von dem ich meinte, dass es uns vor dem Schmerz schützt, nun zu Ende ist.«

Systemisches Wissen

Manchmal ist das »Vergessen« ein Schutz vor dem Schmerz, mit dem wir nicht umgehen können. Wenn dadurch jemand im System ausgeschlossen wird, das heißt, zum Beispiel nicht mehr erwähnt oder gar verstoßen wird, dann macht sich sein »Fehlen« meistens bemerkbar. So wie es auch in Familien geschieht, in denen ein Kind oder ein anderer Angehöriger stirbt und nie mehr genannt wird.

In diesem Fall wurde Hannes »totgeschwiegen«, weil alle in der Firma über seinen plötzlichen Unfalltod so betroffen waren. Unruhe und Streit unter den Mitarbeitern, Kunden, die spüren, dass im Geschäft keine angenehme Stimmung mehr herrscht, waren der Preis für die fehlende Trauerarbeit.

Es ist wichtig, dass Verstorbene ihren Platz in der Firma haben, in dem Sinn, dass über sie geredet werden darf, dass man sich an sie erinnert. Das kann zum Beispiel mit einem Bild geschehen, das aufgehängt wird, mit einer Erwähnung, wenn der oder die Betreffende Geburtstag gehabt hätte, oder bei Feiern, in denen eine lange Firmenzugehörigkeit gewürdigt wird: »Hannes wäre heute schon sieben Jahre bei uns.«

Die Geschichte macht deutlich, wie groß die verborgenen Ressourcen sind, die in der Anerkennung von Zugehörigkeit liegen.

Lähmung im Team

»Wir sind ein Team«, sagt Laura S. Und jedes Mal, wenn wir einander zu Besprechungen treffen, macht sich im Raum eine Lähmung breit, die alle konstruktiven Gespräche verhindert. Laura S. sieht müde aus und spricht mit gedämpfter Stimme.

Als sie dann aufzählt, wer zu diesem Team gehört, klingt es zunächst ganz einfach: »Klaus, Martin, Elisabeth und ich.«

Doch schon bei näherem Nachfragen, wer die Firma gegründet hat und ob noch andere Mitarbeiter dazugehören, tritt Verwirrung und fast so etwas wie Lähmung auf. Sie macht sich im ganzen Raum breit und scheint selbst die anderen Teilnehmer des Seminars für Organisationsaufstellungen zu erfassen. Die Luft wird schwer, und je nach Charakter der Betrachter zeigen die Gesichter der Frauen und Männer plötzlich starke Spuren von Müdigkeit. Schultern sinken nach vorne oder werden steif, Augen halten sich nur noch mit Mühe offen ...

»Wir haben eine eher flache Hierarchie«, sagt Laura fast entschuldigend, als Insa Sparrer und Matthias Varga durch längeres Nachfragen ständig zu neuen Versionen kommen, wer welchen Platz in der Firmenhierarchie einnimmt.

Die Verwirrung löst sich nach einer Weile, und die Repräsentanten für die Aufstellung werden zunächst klar.

Die Aufstellung für Laura S.

- Klaus, der alleinige Besitzer und Gründer der Firma
- Norbert, der nach ihm kam und für die Personalabteilung zuständig war
- Laura S., die nach Norberts Kündigung seinen Platz eingenommen hat
- Elisabeth, die kaufmännische Leiterin
- Martin, der Chef des Vertriebs und Jüngster in der Führungsebene

Zusätzlich gibt es noch ein weiteres Team, das in der Hierarchie eine Stufe tiefer steht:

- Eine Marketingfrau
- Ein Assistent des Vertriebschefs
- Eine Projektkoordinatorin
- Ein EDV-Spezialist

Später ergänzt:

- Die Kunden

Die Ordnung, die jetzt auf dem Flipchart in verschiedenen Farben aus dem Chaos entstanden ist, sieht richtig gut aus. Erst viel später, als plötzlich völlig überraschende neue Informationen auftauchen, wird Matthias sagen: »Das ist nichts Ungewöhnliches. Wenn eine Firma uns ein Organigramm, also die schematische Darstellung der Hierarchieebenen, anbietet, dann sind wir vorsichtig. Organigramme eignen sich vorzüglich zur Mythenbildung.«

Laura S. erzählt

Früher, als die Firma noch klein war, haben wir unsere Vereinbarungen einfach so, zwischen Tür und Angel, getroffen. Aber dann wurden wir international und damit größer und brauchten eine geordnetere Struktur. Das war der Beginn unserer Mittwochssitzungen.

Am Anfang war bei diesen Meetings Norbert noch dabei, der eigentlich schon keine Funktion mehr hatte, weil er die Firma verlassen wollte. In dieser Zeit ging es vornehmlich um die Auseinandersetzung zwischen Klaus, dem Firmenbesitzer, und ihm. Die Sitzungen verliefen sehr dynamisch, wenn auch konfliktreich, aber es gab noch nicht diese lähmende Stimmung.

Nach Norberts Weggang waren wir nur noch zu dritt: Klaus, Elisabeth und ich.

Nach und nach fing dieses seltsame Gefühl an, das aus meiner Sicht damit zu tun hat, dass Klaus keine Entscheidungen treffen will. Er ist jemand, der sich immer alle Türen offen hält und sich zu nichts zwingen lassen will.

Als wir so groß geworden sind, dass wir einen eigenen Vertrieb brauchten, wurde Martin engagiert. Mit ihm kamen frischer Wind und die Hoffnung auf, dass das Problem verschwindet. Aber nur kurz. Dann war alles wieder beim Alten. Dann hatte es Martin genauso erfasst wie uns.

Inzwischen ist unser Aufschwung zu Ende, und die Erfolge lassen immer mehr auf sich warten. Ich weiß nicht, ob das mit dieser Lähmung zusammenhängt ...

Ich erhoffe mir von der Aufstellung, dass diese Lähmung aufhört – zumindest bei mir. Und dass dann wieder eine Kooperation entsteht, die fruchtbare Aktionen möglich macht. Ich wünsche mir, dass wir – so wie früher – wieder viel einfacher zu Entscheidungen kommen und klare Maßnahmen setzen und durchführen können. Wir hätten dann wieder mehr Erfolg und damit mehr Spaß und Freude.

Bilder in den Raum gestellt

Hier steht ein Team, in dem keiner wirklich im Kontakt mit dem anderen ist. Alle haben dieselbe Blickrichtung, später werden dort die Kunden stehen. Aber noch ist nicht klar, wohin das Team schaut.

Die Frau, die Laura S. repräsentiert, hat nasse Hände, starkes Herzklopfen und das unangenehme Gefühl, dass sie eine Aufgabe lösen muss, für die ihr jede Unterstützung fehlt.

»Ich muss es schon wieder alleine machen«, sagt sie. Dann kommt doch eine gewisse Zufriedenheit auf. »Dafür habe ich alle im Blick.«

Und ihre Augen wandern von einem zum anderen, auch wenn sie von den meisten nur den Rücken sieht.

Klaus, der Eigentümer der Firma, steht ganz allein da, den Blick nach außen gewandt. Er kann keines seiner Teammitglieder sehen, sie haben alle ihren Platz hinter seinem Rücken.

»Mir schlottern die Knie. Ich spüre einen starken Druck hinter mir, das beunruhigt mich, und ich habe das eigenartige Gefühl, als ginge mir meine Firma verloren.« Und dann, mit Panik in der Stimme: »Ja, ich verliere alles!«

Elisabeth, die kaufmännische Leiterin, fühlt sich ausgegrenzt: »Ich bin nicht dabei«, beschwert sie sich aus dem Hintergrund.

Martin, der Vertriebsleiter, als Einziger ganz nahe bei seinem Chef, schwankt hin und her: »Mir sträuben sich die Haare, aber nur auf dieser Seite«, sagt er mit Blick auf seinen Chef, der links vor ihm steht.

Laura S. fühlt sich noch mehr belastet, als alle anderen sprechen. Erst als Norbert, der die Firma im Unfrieden verlassen hat, dazugestellt wird, kommt bei ihr Erleichterung auf.

»Von ihm bekomme ich Unterstützung. Er hatte das gleiche Los wie ich – auch ihm fehlte die Unterstützung.«

Norbert, dessen Platz Laura S. jetzt einnimmt, hatte gekündigt, weil er sich mit Klaus über eine versprochene finanzielle Beteiligung nicht einigen konnte.

Norbert selbst ist nur an seinem ehemaligen Chef interessiert: »So viel Verlogenheit, so viel Falschheit, unglaublich!«

Klaus, der Chef, lächelt süffisant und verliert sofort seine unsichere Haltung, als die Kunden aufgestellt werden: »Es beruhigt mich, die vielen Kunden zu sehen, da hört sofort mein Knieschlottern auf.«

Die Kunden sind weniger begeistert von der Firma: »Wir sind schon in Verhandlungen mit einer anderen Beratungsfirma. Wenn das so weitergeht, kündigen wir den Vertrag, die sind ja nur mit sich selbst beschäftigt.«

Auch das Team in der zweiten Ebene ist von der Führungsetage frustriert. Die Mitarbeiter »machen einfach nur noch ihren Job«, »sehen zu wie im Theater«, »würden gern noch was retten« und »spüren starke Spannungen«. Das lähmende Arbeitsklima hat sich auch hier ausgebreitet.

Nur die Marketingfrau scheint etwas vitaler. Sie findet den Chef sexy, ruft zu neuen Taten auf und möchte mehr Verantwortung übernehmen.

Die »echte« Laura S., die am Rand des Geschehens sitzt, folgt gebannt den Äußerungen ihrer Repräsentanten und nickt bestätigend: »Ja, genauso ist die Situation in unserem Team.«

Insa Sparrer und Matthias Varga verändern das Bild und stellen als Test alle Mitarbeiter der Firma in der Reihenfolge, in der sie dazugekommen sind, an einen geeigneten Platz.

Damit werden die Probleme noch besser transparent.

Klaus, der Firmengründer, findet es schwierig, dass er jetzt an seinem richtigen Platz als Nummer eins dasteht: »Es ist zwar besser, dass ich die Lage überblicke und alle sehen kann, aber früher war alles leichter. Früher konnte ich alles alleine entscheiden, jetzt ist das Leben so mühsam. Wir sind viel zu kompliziert geworden. Am liebsten würde ich sie alle rausschmeißen. Ich wünsche mir die Einfachheit zurück, und den

Zusammenhalt. Früher waren wir chaotischer, aber dafür kreativer, ich möchte dorthin zurück!«

Laura S., die am zweitlängsten in der Firma ist, widerspricht aggressiv: »Das ist lächerlich«, sagt sie. »Wir können nicht mehr zurück. Du musst endlich die Verantwortung übernehmen und deine Rolle als Chef akzeptieren, ich brauche mehr Anleitung.«

Die Klientin, die angespannt von außen ihrem Double zuhört, nickt erneut bestätigend: »Das stimmt alles. Wir leben jetzt mit einer Ordnung, die wir hineingebracht haben, als wir groß wurden. Jetzt sind wir wieder kleiner und haben dennoch den bürokratischen Aufwand aus dieser Zeit.«

Die Repräsentantin von Elisabeth, die jetzt zum ersten Mal im Team einen guten Platz hat und nicht mehr so im Hintergrund steht, fühlt sich besser, aber noch ein bisschen fremd. Nur Martin ist gänzlich unzufrieden. Die Hände abwehrend vor der Brust verschränkt, beschwert er sich, dass er ungerechtfertigterweise herabgestuft wurde. Er trauert seinem Platz direkt neben dem Chef nach, den er jetzt aufgeben musste, weil er der Jüngste im Team ist.

»So stimmt das nicht, ich bin nicht einverstanden«, beendet er sein Plädoyer für eine Veränderung der Hierarchie.

Norbert schaut aus der Ferne verächtlich auf seine ehemaligen Kollegen und nennt sie eine »Gurkentruppe, mit der man machen kann, was man will«.

Erst als Laura S. ihn unter Insa Sparrers Anleitung würdigt: »Weil du gegangen bist, hast du mir Platz gemacht, und ich danke dir dafür«, wird er freundlicher: »Dich kann ich an meinem ehemaligen Platz gut sehen.«

Lauras Chef ärgert sich über den versöhnlichen Dialog: »Sie soll endlich verstehen, dass sie ihr Eigenes machen soll, sie hat mit ihm nichts zu schaffen.« Und zu Laura S. gewandt, sagt er: »Vergiss ihn endlich, der ist nicht einmal gut genug für die Fische.«

Er sagt es in einem Ton, der klar macht, dass sie ein Stück der Wut abbekommt, die Norbert gehört.

»Er war mein Vorgänger, und darüber hinaus habe ich nichts mit ihm zu tun. Ich bin nur deine Mitarbeiterin«, erinnert sie unter Matthias Vargas Anleitung ihren Chef.

Der Zorn zwischen den beiden Männern bleibt. Unversöhnlich stehen sie einander gegenüber.

Und Klaus bringt gerade noch mühevoll über die Lippen: »Es fällt mir sogar schwer zuzugeben, dass du in dieser Firma gearbeitet hast. Es macht mir Herzklopfen, denn mein eigentlicher Satz heißt: Ich habe immer noch einen großen Groll auf dich.«

Norbert nickt und antwortet inbrünstig: »Und ich misstraue dir zutiefst.«

Hier gibt es keinen Frieden, sondern nur noch den unwiderlegbaren Satz, den die Aufstellungsleiter dem Firmengründer nach mehreren Versuchen abringen.

»Und ganz gleich, was da zwischen dir und mir ist, die historischen Tatsachen sind sichtbar. Und die anderen wissen, dass du dabei warst, sie kennen dich.«

Norbert grinst und hat das letzte Wort: »Schön zu sehen, wie er sich abstrampelt.«

Dafür wird die Stimme von Laura S. versöhnlicher, als sie ihren Chef bittet: »Ich möchte Klarheit von dir, wo es hingeht, damit ich handeln kann.«

Die Abwehr von Klaus verringert sich, seine Stimme wird weicher: »Gut, dass du mir das sagst, es ist besser, wenn wir in diesem Ton miteinander reden. Du machst eine fantastische Arbeit, Laura, mach du einfach deins.«

Es ist nicht alles gelöst, aber vieles schon besser, da tritt Martin wieder auf den Plan.

»Ich bin immer noch nicht bereit, hier als Letzter zu stehen, selbst wenn ich als Letzter in die Firma gekommen bin.«

Er nimmt eine kämpferische Haltung ein und verschränkt wieder demonstrativ die Arme vor der Brust.

Matthias Varga fragt die Klientin, die gerade dabei war, sich in ihrer Zuschauerrolle zu entspannen, bevor Martin sprach.

»Hast du eine Idee, warum er so unzufrieden ist?«

»Er ist der Einzige von uns, der angestellt ist. Elisabeth und ich sind freie Mitarbeiter.«

Der Satz von Laura S. fällt wie eine Bombe in den Raum und lässt die ganze Arbeit in einem neuen Licht dastehen!

Es gab in den Vorgesprächen keinen Zweifel darüber, dass sie eine angestellte Führungskraft ist, dafür zuständig, das ebenfalls angestellte Personal der zweiten Führungsebene anzuleiten. Im Rückblick wird klar, dass Laura S. das nie behauptet hat. Aber durch die sichere Art, ihre Führungsrolle einzunehmen und über die Firmenstruktur zu berichten, schien sich die Frage nach ihrem Status zu erübrigen.

Ein Zwiespalt tut sich auf, der sich verstärkt, als die zweite Führungsebene sich beschwert.

»Ich bin genervt, und wenn sich nicht bald was ändert, gehe ich«, sagt einer. Ein anderer möchte gern wissen, wer für ihn zuständig ist.

Klaus wehrt ab und sagt: »Ich will nicht für euch zuständig sein.« Und meint, mit einer vagen Handbewegung auf Martin, Laura und Elisabeth: »Die sollen das gemeinsam machen, ich will das nicht regeln.«

»Ich fühle mich zuständig«, sagt Laura mit fester Stimme. Und wird nicht gehört.

Denn in diesem Augenblick tritt die Marketingfrau auf die Bühne. Fast wie eine Schauspielerin, die auf Applaus wartet, fordert sie, dass sie eigentlich eine bessere Position haben sollte. Sie zeigt auf den Platz zwischen Laura und Martin und schlägt ihr Rad vor dem Chef.

»Ich will neue Aufgaben übernehmen, mir ist meine jetzige Tätigkeit zu eng. Ich kann Führungsaufgaben bewältigen.«

Klaus ist von ihr so angetan, dass er verspricht, noch morgen einiges zu ändern: »Ich lege ein neues Arbeitspapier vor«, sagt er eifrig.

Die Repräsentantin von Laura S. wird unruhig und sagt: »Ich verstehe das nicht, ihr fehlt die Kompetenz.«

Die Lähmung bekommt plötzlich ein zweites Bein, auf dem es sich noch besser stehen lässt. Hier scheint eine nicht zu übersehende Faszination im Spiel zu sein, die den Chef in seinen Handlungen leitet.

Martin, der inzwischen von Insa Sparrer an »seinen« Platz neben seinem Chef gestellt wurde, weil er der einzige Angestellte in der Firma ist, zeigt sich zufrieden: »Nun kann's losgehen!«

Laura, um Jahre länger in der Firma, hat plötzlich ihre Führungsrolle verloren.

Die Kunden üben sich in Galgenhumor: »Das ist ja wie Stühlerücken auf der Titanic. Jetzt wird's Zeit, von Bord zu gehen.«

»Für dich«, meint Matthias Varga zu Laura S., nachdem sie ihre Repräsentanten aus ihren Rollen entlassen hat, »wird es darum gehen, dass du dich gut schützen kannst, dass du gut für dich sorgen kannst.«

Laura S. nickt und lächelt zum ersten Mal: »Für mich ist es gut, Klarheit über meine Situation zu haben.

Insa Sparrer ergänzt: »Und wo die Minen sind, auf die du achten sollst, hast du jetzt gesehen ...«

Was Laura ein paar Stunden später sagte

Ich bin dankbar, dass sich das alles in der Aufstellung so stark gezeigt hat, auch wenn es schmerzhaft ist. Für mich ist klar, dass die Arbeit jetzt erst wirklich anfängt. Dass ich die Wahrheit über meinen Arbeitsplatz einfach nicht sehen wollte.

Ich kann auch verstehen, warum: Meine Firma war für mich lange Jahre meine Heimat. Ich bin allein erziehende Mutter und hatte immer das Gefühl, hier gehöre ich her. Ich hatte so ein sicheres Gefühl von Zugehörigkeit, dass es mir nicht notwendig erschien, angestellt zu sein. Ich habe mit Klaus den Laden aufgebaut, ich habe ihm vertraut, wir hatten dieselben Visionen. Verträge waren mir nicht so wichtig. Er hat auch mir immer wieder versprochen, mich finanziell zu beteiligen, aber es kam nie dazu. Das war auch der Grund, warum Norbert und noch einige andere nach ihm gegangen sind.

Martin ist der Erste, der in der Führungsebene angestellt wurde. Und jetzt, nach dieser Aufstellung, verstehe ich, dass er dadurch den Platz vor mir einnimmt. Und ich merke erst jetzt, dass ich es als ungerecht empfinde, dass er die Sicherheit einer Anstellung bekommen hat und ich nicht. Das war mir nicht bewusst bis jetzt, ich habe es einfach ausgeblendet.

In diesem Jahr hat sich meine Situation zusätzlich verschärft. Klaus brachte seine Geliebte in die Firma. Zuerst als Telefonistin. Aber jetzt ist sie bereits fürs Marketing zuständig, obwohl sie keine Ahnung hat. Seit sie da ist, ist er für uns überhaupt nicht mehr ansprechbar.

Jetzt, wo ich darüber spreche, merke ich, dass ich auf seltsame Weise meine Familiengeschichte wiederhole. Das tut weh. Ich habe mich mein Leben lang angestrengt, meiner Mutter näher zu kommen. Ich habe alles für sie getan und versucht, so viel zu leisten, damit sie mich sieht. Es ist mir nie geglückt, weil sie immer damit beschäftigt war, um meinen toten Bruder zu trauern, der kurz vor meiner Geburt gestorben ist ...

Und dann kam mein jüngerer Bruder, und plötzlich war all das, wonach ich mich gesehnt hatte, wofür ich gekämpft hatte, für ihn da. Er wurde geliebt, bemerkt, gelobt. So geht es mir jetzt, seit Klaus seine Geliebte in die Firma gebracht hat. Ich habe mich so angestrengt, und jetzt kommt diese Frau, und alles ist vorbei. Die Nähe, die Sicherheit, die Vision.

Ich muss mir Gedanken über meinen eigenen Weg machen, es ist höchste Zeit.

Was Laura acht Monate später erzählte

Für mich hatte die Arbeit noch tiefe Nachwirkungen, die zum Teil schmerzhaft waren. Vor allem die Erkenntnis, dass ich meine Familiengeschichte in meiner Firma wiederhole, war nicht leicht zu verdauen. Insgesamt geht es mir viel besser, weil ich jetzt klarer sehe, wo meine Fallen sind. Ich strenge mich viel weniger an, alles gut zu machen und mich für die Firma aufzuopfern. Ich bin im Augenblick nicht einmal mehr sicher, ob ich angestellt werden möchte. Das würde noch mehr Bindung und Verantwortung bedeuten. Ich weiß nicht, ob mir das gut täte. Mit Klaus hat sich auch vieles geklärt. Und was wirklich angenehm ist, ist die Tatsache, dass die Marketingleiterin wieder weg ist. Er hat sich von ihr getrennt.

Systemisches Wissen

Norbert wurde für sein Engagement beim Aufbau der Firma nicht vereinbarungsgemäß mit einer Beteiligung belohnt und ging im Unfrieden mit seinem Chef. Er hat zwar selbst gekündigt, aber die Kündigung schien für ihn notwendig, weil es keinen korrekten Ausgleich für seine Leistung gab. In gewisser Weise kommt das einem Ausschluss gleich, und er soll am besten auch nicht mehr erwähnt werden.

Laura S. nimmt seinen Platz ein. Ein belasteter Platz, wie wir aus der Geschichte sehen, denn der Unmut ihres Chefs, der eigentlich Norbert gilt, trifft jetzt zum Teil auch sie.

Das Gift dieser Kündigung im Unfrieden wirkt in der Mittwochssitzung wie eine Lähmung. Ein Gefühl, das nicht einer anwesenden Person zugeordnet werden kann, sondern irgendwie »dazwischen«-liegt. Hier erweist sich, dass solche Gefühle so stark sein können, dass sie die Grenzen des dargestellten Systems überschreiten und selbst auf die Teilnehmer des Seminars wirken.

Laura S. zeigt in ihrem Wunsch nach einer Firmenfamilie übergroße Loyalität zu ihrem Chef, die sich darin ausdrückt, dass sie für sich selbst wenig fordert. Weder die versprochene Beteiligung noch eine Anstellung.

Als Martin kommt und mit ihm zunächst ein frischer Wind, verliert die Lähmung ihre Kraft. Aber nur kurz, dann ist alles wieder beim Alten. Auch er kann sich der starken Energie nicht entziehen. Außerdem passiert aus Lauras Sicht die nächste Ungerechtigkeit, auch wenn es ihr nicht sofort bewusst ist.

Laura war fast von Anfang an dabei, sie hat die Firma mit aufgebaut, die Visionen ihres Chefs geteilt und unterstützt. Als Martin kommt und angestellt wird, erlangt er durch seine Anstellung mehr Gewicht als Laura. Und in diesem konkreten Fall ändert sich dadurch die Reihenfolge, was für sie schmerzhaft ist, zumal schon ein Versprechen gebrochen wurde. Sie hat sich allerdings auch nie wirklich dafür eingesetzt, angestellt zu werden, und hat nie um ihre Beteiligung gekämpft.

Der Firmengründer steht in ihrer Schuld, es gilt aber auch das systemische Prinzip, dass der Gläubiger den Schuldner deutlich zu mahnen hat, was Laura nicht mit Nachdruck getan hat. Es wäre ihre Aufgabe gewesen, Klaus darauf aufmerksam zu machen, dass es nicht richtig ist, Martin anzustellen und dabei sie nach all den Jahren in der Unsicherheit einer freien Mitarbeiterin zu belassen. Zumal sie die Personalabteilung leitet und alle ihre Untergebenen angestellt sind.

Auch die Tatsache, dass Klaus Probleme hat, seine Führungsrolle einzunehmen, und sein Team mit vagen Anleitungen sich selbst überlässt, trägt zur Unzufriedenheit bei. Eine zusätzliche Schwierigkeit tritt auf, als der Chef seine Geliebte in die Firma bringt und sie einen raschen Aufstieg von der Telefonistin zur Marketingleiterin macht, ohne die angemessene Leistung zu erbringen.

Es ist nicht ungewöhnlich, dass wir uns Arbeitssituationen kreieren, in denen sich unser Familiensystem wiederholt. In der Entsprechung der Strukturebenen bemüht sich Laura, in ihrer Arbeit die Anerkennung ihres Vorgesetzten zu gewinnen, so wie sie früher um die Anerkennung durch ihre Mutter gekämpft hat. Und wieder leistet sie einen hohen Einsatz bei mangelnder Anerkennung.

Erfolgloses Verhalten wird nicht dadurch erfolgreicher, dass wir es wiederholen. Doch wenn im Beruf Ähnlichkeiten mit unserem Familiensystem auftreten, wehren wir uns länger nicht, weil wir das Gefühl haben, dass es »normal« ist. Eine Reinszenierung einer alten Geschichte, die wir gut kennen, die uns vertraut ist und an die wir uns schon gewöhnt haben.

Das Dorf, der Berater und der Bürgermeister

Manchmal fallen einem Geschichten einfach zu, weil man in der richtigen Sekunde am richtigen Ort erscheint.

Es ist später Vormittag, die Menschen, die bis gestern Abend füreinander ein paar Tage lang Firmenchefs, Berater, Projekte, Aufträge, Ziele, Wunder und sogar ein noch unentdecktes Geheimnis repräsentiert haben, sind fast alle schon abgereist. Nur Max Graf Berghe von Trips, mein Kollege und Freund aus der Ausbildungszeit, und ich werden mit Insa Sparrer und Matthias Varga hier, in der slowenischen Küstenstadt Piran, noch etwas bleiben.

Ich habe gestern nach der Abschiedsrunde meinen Computer im Seminarraum vergessen und öffne die Türe zum vermeintlich leeren Raum. Ich höre, noch ehe ich die Menschen sehe, einen Satz.

»Wer soll für dich den Bürgermeister repräsentieren?«

»Ich«, sagt es aus mir. Und ich bin wahrscheinlich noch mehr erstaunt als die Runde um Max, der eine Aufstellung für Arnold P. leitet, dessen Anliegen für ihn erst nach dem Seminar drängend wurde. Und weil es an diesem Tag zu wenig Männer gibt, bin ich auch als Frau willkommen in der Rolle des Bürgermeisters.

Die Aufstellung für Arnold P.

- Arnold P.
- Der Bürgermeister
- Das Projekt
- Die Firma, die Arnold P. hinzugezogen hat
- Der Geschäftsführer der Firma

Später ergänzt:

- Die Bürger
- Die Touristen

Von dem Thema, das Arnold P. aufstellen will, weiß ich wenig, weil ich erst später dazukam. Ich werde nur kurz davon informiert, dass er als Berater die Ortsentwicklung einer Gemeinde in der Steiermark begleiten soll. Aber ich spüre sofort, noch ehe ich als Bürgermeister offiziell in den Raum gestellt werde, dass meine Rolle anfängt zu wirken: Ich muss mich nach außen stark zeigen und meine innere Unsicherheit verbergen.

Bilder in den Raum gestellt
Renate Daimler erzählt als Repräsentantin des Bürgermeisters

Die Hände, die mich an meinen Platz führen, sind fast zu sanft für mich. In vorsichtiger Millimeterarbeit werde ich hier ein bisschen hingerückt, dort ein bisschen vorsichtig verändert, obwohl das Kräftige, das eher Deftige mir mehr liegt. Jetzt stehe ich endlich da und bin zufrieden, dass ich den großen, weiten Raum vor mir habe.

Gut, dass ich meine Jacke mit den breiten Schultern trage. Ich muss mächtiger erscheinen, als ich bin, denn die Unsicherheit in meinem Inneren hat hier öffentlich nichts zu suchen.

Mein Kopf ist klar, mein Körper unmerklich, aber unangenehm zur Seite gedreht, und meine Füße scheinen noch einmal in eine andere Richtung zu zeigen. Ich fühle mich wichtig und mächtig und gleichzeitig weiß ich, dass meine Sicherheit keinen festen Boden hat.

Jetzt sehe ich meinen Berater. Er steht mir genau gegenüber. Mein Herz wird weich. Ich mag ihn. Er sieht mich mit freundlichen Augen an, und die Distanz des großen Raumes zwischen uns füllt sich mit einem Gefühl von Vertrauen und Mitgefühl. Bei ihm bin ich gut aufgehoben und er bei mir. Da bin ich sicher. Sein Blick ist offen, es tut mir gut, in dieser Welt, die mir so viel Stärke abverlangt, jemanden zu sehen, der mir so wohlgesonnen ist. Wir sehen einander lange an, und es kommt mir vor, als ob er vor Rührung nasse Augen hätte.

Dann kommen zwei Männer, die mir völlig fremd sind. Sie werden auf der rechten Seite des Raums aufgestellt, und ich höre, dass der eine die Firma und der andere der Geschäftsführer der Firma ist, die mein Berater dazugeholt hat, damit sie ebenfalls mein Projekt, eine neue Ortsentwicklung, betreuen. Sie sind mir egal. Warum immer er sie braucht, ich habe mit ihnen nichts zu schaffen. Mein Vertrauen zu ihm ist so groß, dass ich die beiden dennoch nicht infrage stelle. Er kann seine Arbeit machen, wie er will. Ich mische mich nicht ein.

Jetzt kommt das Projekt, und meine Aufmerksamkeit für alle anderen ist mit einem Schlag weg. Ja, diese Frau ist es, ihr gilt meine ganze Aufmerksamkeit. Sie ist schön und sehr weiblich, und mein Herz macht einen großen Sprung. Sie ist also mein wunderbares Projekt, und ich bin für einen Augenblick einfach nur glücklich. Ich sehe sie an mir vorübergehen, bewundere ihre herrliche Figur in den schmalen, rehbraunen Lederhosen, das schwarze, lange Haar, das über ihre weiße Bluse fällt, und freue mich, als sie mich im Vorübergehen anlächelt. Das Lächeln ist klein und schief, und ich kann es nicht ganz deuten. Aber immerhin lächelt sie.

Dann steht sie auf ihrem Platz, ein Stück links von mir. Ihr Körper ist seltsam verdreht, der Kopf schaut in Richtung Fenster, die Arme wie sehnsüchtig ins Freie gestreckt, der Oberkörper scheint unentschlossen, ob er nun dem Kopf und den Armen oder den Hüften und den Füßen folgen soll, die wie unfreiwillig im Raum geblieben sind. Das Lächeln ist völlig verschwunden, das Gesicht nun finster, die Mundwinkel heruntergezogen, die Stirn gerunzelt.

Mein schönes Projekt ist unglücklich!

Und ich spüre, dass mein eigener verdrehter Körper, der so wenig mit meinem kühlen Kopf zu tun hat, sich ganz ähnlich fühlt. Sorge steigt in mir hoch. Ich schaue auffordernd zu meinem Berater.

»Hier muss etwas geschehen«, sage ich. »Du bist verantwortlich, dass es meinem Projekt gut geht.«

Mein Berater hört mich nicht. Er ist ganz damit beschäftigt, sich mit dem Geschäftsführer und der Firma zu unterhalten, die er hinzugezogen hat. Ich bemerke, dass der Geschäftsführer der fremden Firma auf einmal rechts von meinem Berater steht und damit mir direkt gegenüber. Ich werde noch unwilliger. Was will er dort, er hat dort nichts zu suchen, denke ich mir. Und noch ehe ich eingreifen kann, wird dem Berater durch meinen zornigen Blick klar, dass er für mich der Wichtigste ist, und er wechselt wieder auf seinen richtigen Platz.

Als das Projekt für eine neue Ortsentwicklung spricht, wird meine Sorge fast zur Panik.

»Ich gehöre euch nicht«, sagt es. »Niemandem von euch, ich bin nicht euer Besitz. Ich will auch nicht, dass hier gestritten wird, wer hier der Wichtigere ist. Es stört mich, dass sich hier alle profilieren wollen. Es ist mir wichtig, meine Wurzeln und Quellen zu kennen, dass Klarheit herrscht, wer die Idee hatte, mich zu erschaffen – und dass da nichts Unsauberes passiert. Aber ich gehöre dorthin. Ich will da hinaus, wo es bunt ist, wo die Menschen sind, wo die Vögel singen.«

Und das Projekt zeigt durch die geöffnete Türe auf die Terrasse des Hotels, auf der Palmen in Töpfen stehen und eine Frau in einem Liegestuhl in der Sonne liegt.

»Ich brauche die Sonne, damit ich wachsen kann, ich liebe die Farben der Häuser und das Glitzern des Wassers im Swimmingpool.«

Angst überflutet mich, dass ich sie verlieren könnte, weil sie ohne mich weggeht. Doch niemand im Raum scheint die dramatische Lage ernst zu nehmen.

Der Berater ist noch immer beschäftigt. Er fragt, wie er mit dieser Firma und dem Geschäftsführer zusammenarbeiten kann. Eine Unterhaltung zwischen den dreien beginnt, sie langweilt mich. Ich höre ihnen unwillig zu, wie sie versuchen zu klären, wer hier mit wem was planen soll.

Die Firma redet von Marktforschung und dass man die Bedürfnisse der Menschen, die in dem Ort wohnen, mit einer Studie erkunden soll. Der Geschäftsführer erzählt von seiner Beziehung zu meinem Berater und dass er akzeptiert, dass der Kontakt zu mir über ihn läuft.

Ich muss ein Machtwort sprechen. Ich beobachte, wie das Projekt immer mehr nach außen strebt, so, als ob es gleich weglaufen möchte. Es runzelt seine Stirn, zieht seine Mundwinkel noch mehr nach unten und wirft mir gequälte Blicke zu.

»Darum geht es nicht«, sagt es unwillig, als die Firma wieder intellektuell vor sich hin redet. »Ich mag Bewegung, Freude, Sonne, Spaß, Menschen ..., was die hier sagen, hat mit mir nichts zu tun.«

Ich sehe meinen Berater streng an, und zum ersten Mal spüre ich, wie ich mein Wohlwollen verliere. Meine Stimme wird hart: »Deine Aufgabe ist es, dich um das Projekt zu kümmern. Alles andere, wie und mit wem du das machst, ist mir egal. Du bist verantwortlich dafür, wenn es wegläuft.«

Es ist eine Drohung, und mir ist völlig klar, wenn das Projekt auf die Terrasse hinausgeht, gehe ich mit und lasse alle anderen hier einfach stehen.

Der Berater verteidigt sich: »Diese interne Klärung ist wichtig für das Gelingen des Projekts.«

Das besänftigt mich nicht. Ich sehe, dass es meinem Projekt schlecht geht, und habe immer stärker den Eindruck, dass die da drüben unsere Zeit vertrödeln.

In diesem Augenblick steht eine Frau, die auf der Terrasse im Liegestuhl in der Sonne liegt, auf.

Das Projekt strahlt und sagt: »Da sind sie ja, die Menschen.«

Die Frau, eine Teilnehmerin des Seminars, die aber in diese Aufstellung nicht einbezogen war, kommt herein und wird gebeten, als Repräsentantin der Bürger zu bleiben.

Nach kurzer Zeit sagt sie zornig: »Was soll das hier? Da nehme ich mir die Zeit, hier zu sein, und dann werde ich überhaupt nicht beachtet. Dieses Gerede hier ist unerträglich. Ich will gefragt werden.«

Natürlich muss sie gefragt werden. Mir wird plötzlich bewusst, dass sie die Wichtigste hier ist. Hier stehen meine Bürger, von denen ich wieder gewählt werden will.

Noch ehe klar ist, was sie zu sagen hat, überschlagen sich die Ereignisse. Eine andere Frau, eine Kamera über die Schulter gehängt, erscheint in der Terrassentüre.

Auch sie ist eine Teilnehmerin des Seminars, die zwei der Anwesenden abholen will, weil sie gemeinsam mit dem Auto nach Hause fahren wollen.

Das Projekt jubelt: »Oh, schaut, wie schön, endlich jemand mit einem Fotoapparat.«

Mir fällt es wie Schuppen von den Augen: Die Touristen – wir haben die Touristen vergessen! Wie konnten wir nur so blind sein. Die Bürger und die Touristen sind es, die unseren Ort beleben!

Das Projekt ist glücklich und sieht mich zum ersten Mal wohlwollend an.

»Wenn die beiden da sind, dann bleibe ich. Dann macht das alles einen Sinn.«

»Ich will keine intellektuellen Diskussionen mehr«, sage ich zu meinem Berater, den ich jetzt wieder mag, seit das Projekt so fröhlich ist. »Ich will, dass hier für die Bevölkerung etwas mit Herz und nicht mit Hirn geplant wird.«

Das Projekt nickt und strahlt mich an, dass mir ganz warm wird.

Mein Berater und ich stehen einander noch immer gegenüber, wie am Anfang der Geschichte. Aber es liegen Welten dazwischen. Wir sehen einander in die Augen. Ich vertraue ihm wieder, er hat den Ernst der Lage endlich verstanden.

»Ich verstehe jetzt«, sagt er in überzeugendem Ton, »dass wir schnell handeln müssen, dass wir die Interessen der Bürger und der Touristen noch mehr einbeziehen und das Projekt noch stärker auf sie ausrichten müssen. Und meine Probleme mit den anderen Beratern, die klären wir unter uns.«

In diesem Augenblick lächelt mich das Projekt wieder an, macht eine weite Handbewegung und zeigt auf das Beratungsteam: »Zu euch habe ich jetzt eine gute Beziehung.«

Die Vorgeschichte, von Arnold P., dem Berater, erzählt

Mein Klient ist der neu gewählte Bürgermeister eines Ortes. Der alte Bürgermeister war über zwanzig Jahre im Amt und hat wie ein Patriarch regiert. Mächtig, aber im Hinterzimmer und eher erstarrt. Bei der nächsten Wahl, als er nicht mehr zur Verfügung stand, weil er in den Ruhestand gehen wollte, war die große Frage, wer dieses schwierige Erbe antreten sollte. Es gab Gerüchte, parteiinterne Kämpfe und keine Entscheidung unter den Kronprinzen.

Dann kam der Neue. Er stammt zwar aus dem Ort, war aber in den letzten Jahren nicht in der Politik tätig, sondern Chef eines großen Konzerns. Er tauchte auf, fast wie der weiße Hase aus dem Zauberhut, und gewann auf Anhieb die Wahl.

Vor fünf Monaten hat er sein Amt angetreten und versprochen, dass er für den verschlafenen Ort in der tiefsten Steiermark, in der Nähe der berühmten Weinstraße, endlich etwas tun will. Jetzt steht er unter großem Druck und muss tatsächlich viel bewegen, um die Bürger zu überzeugen.

Er kam zu mir, weil ich schon einmal für einen anderen Ort, der etwas abseits des Touristenstroms liegt, ein ähnliches Projekt geleitet habe.

Meine Aufgabe ist es nun, eine sinnvolle Planung für eine Ortsentwicklung auf die Beine zu stellen. Die Fragen, die von mir beantwortet werden müssen, sind: Wofür stehen wir als Ort, was ist unsere Identität, wie wollen wir uns weiterentwickeln und wie kann eine übergreifende Zusammenarbeit zwischen Politik, Bürgern, Handel und Fremdenverkehr zustande kommen?

Und mir ist eines klar: Es muss schnell etwas geschehen.

Ich habe mir zur Unterstützung eine große Firma geholt, weil ich dachte, dass der Auftrag für mich alleine zu groß ist. Sie ist auf Ortsentwicklung und Marketing spezialisiert, und ich war schon mehrfach an einem Punkt, wo ich dachte, ich sollte die Geschichte besser ihnen überlassen.

Im Augenblick stagniert das Ganze, und ich habe das Gefühl, dass etwas nicht stimmt.

Ich habe gehofft, dass durch die Aufstellung drei Fragen beantwortet werden:

Erfüllt das Projekt, so, wie wir es planen, die Wünsche des Bürgermeisters?

Welchen Stellenwert habe ich in diesem Projekt?

Und was wäre eine gute Rollenverteilung zwischen der Firma, dem Geschäftsführer und mir?

Alle meine Fragen sind vollständig beantwortet worden. Und darüber hinaus habe ich noch einige andere wertvolle Erkenntnisse gewonnen. Mir war nicht so klar, dass wir die Bürger und den Tourismus zu wenig einbezogen haben. Ich weiß jetzt genau, wie ich vorgehen werde. Es war mir auch nicht bewusst, dass ich als Person für den Bürgermeister so wichtig bin.

Was Arnold P. fünf Monate später erzählte

Eine Woche nach der Aufstellung hatte ich einen Termin mit dem Bürgermeister. Diesmal unter vier Augen, denn mir war inzwischen klar, dass die Firma, die ich dazugeholt habe, für ihn weniger wichtig ist, als ich dachte. Das Verblüffende für mich war, dass er sinngemäß einen Satz des Bürgermeisters aus der Aufstellung wiederholt hat: »Am liebsten würde ich mit Ihnen alleine weitermachen, Sie sind mir wichtig.«

Und wie in der Aufstellung war er, als ich ihm die Notwendigkeit der Beraterfirma erklärt habe, damit einverstanden, sie weiter einzubeziehen. Seither hatten wir mehrere sehr gute Gespräche mit der gesamten Projektgruppe, an denen der Bürgermeister teilnahm.

Eine der wichtigsten Informationen aus der Aufstellung aber war für mich, dass wir die Bürger viel mehr einbeziehen müssen. Also haben wir vor einer Woche die gesamte Bevölkerung des Ortes zu einer Großveranstaltung eingeladen und haben das Projekt öffentlich diskutiert. Es kamen mehr als zweihundertfünfzig Menschen, eine Sensation für den kleinen Ort. Ich bin gerade dabei, die Ergebnisse auszuwerten, und verspreche mir viel davon.

Systemisches Wissen

Wenn ein Projekt gelingen soll, ist es wichtig, dass klar wird, wo es seine »Wurzeln« und »Quellen« hat. Offensichtlich haben der alte Bürgermeister oder die Bürger einen großen Anteil an der Entstehung dieses Projekts, selbst wenn die Idee von anderen weiterentwickelt wurde.

Arnold P. ist in der Reihenfolge der Berater der erste, nimmt aber zunächst diesen Platz nicht ein und überlegt sogar, die große Firma, die er dazugeholt hat, an die Seite des Bürgermeisters zu stellen. Im Lauf der Aufstellung wird klar, dass ihm sein Platz von niemandem streitig gemacht wird. Im Gegenteil. Für den Bürgermeister ist Arnold P. mit dem Projekt untrennbar verbunden, und er wird als Leiter anerkannt.

Es ist notwendig, dass er die Führung übernimmt, auch wenn die Partnerfirma viel größer ist. Die Kompetenzprobleme im Team müssen intern rasch geklärt werden, damit das Projekt nicht leidet und der Bürgermeister sein Vertrauen nicht verliert.

Das Projekt selbst war sehr auf die Bürger bezogen, die offensichtlich bisher zu wenig eingebunden waren. Die Ausrichtung, die es in der Planung bisher hatte, scheint zwar den intellektuellen Ansprüchen der Firma, die sich auf Ortsentwicklung spezialisiert hat, zu genügen, aber das Bunte, Fröhliche, Farbige kam »durch das Fenster herein« und mit ihm die Bürger.

Es ist nicht ungewöhnlich für Organisationen, dass durch die Beschäftigung mit anderen Problemen das eigentliche Ziel, nämlich die Abwicklung des Projekts, fast in Vergessenheit gerät und mit ihm die »Kunden«, in diesem Fall die Bürger der Stadt. Nicht umsonst erweist sich dann eine Großveranstaltung, die diese Einbeziehung deutlich zum Ausdruck bringt und klärt, als sehr erfolgreiche Maßnahme des Beraters.

Das Prinzip des Vorrangs der früheren vor den späteren Systemmitgliedern in wachstumsorientierten Systemen, zu denen eine Gemeinde ebenso gehört wie ein Team, kommt hier in mehrfacher

Weise deutlich zum Ausdruck. Zum einen in der Wichtigkeit dessen, dass der ehemalige Bürgermeister und die Bürger, die einen Anteil an der Entwicklung des Projekts hatten, stärker einbezogen werden sollten. Zum anderen in der Anerkennung der zeitlichen Reihenfolge zwischen den Beratern. In diesem Fall bestand sogar – bis zur Durchführung der Großveranstaltung – die Gefahr einer Verletzung des Prinzips der Zugehörigkeit durch die abnehmende Einbeziehung der Bürger.

Der blaue Autobus

Im traditionellen Bergland herrschen noch andere Gesetze. Da werden Bauernhöfe an den ältesten Sohn vererbt, in Handwerksbetrieben und Unternehmen männliche Erben bevorzugt. Frauen stehen in der zweiten Reihe, das war schließlich immer so.

Magdalena A. war im letzten Jahr schon einmal zu einem Aufstellungsseminar gekommen. Damals erzählte sie die Geschichte von »Fridolin«, dem kleinen Schulbus, mit dem sie seit mehr als zwanzig Jahren die Kinder von den Bauernhöfen einsammelte und in den nächstgrößeren Ort zur Schule brachte.

Ihre eigenen Kinder, die lange mitfuhren, waren inzwischen erwachsen, und der Job war ihr längst langweilig geworden. Und jetzt, mit fünfzig, spürte sie, wie ihre ungelebten Träume anfingen, lebendig zu werden.

Jetzt wollte sie endlich reisen, große Busse fahren, Menschen durch die Toskana oder nach Rom begleiten. Was ihr dazu fehlte, war die Eintrittskarte – ein Autobusführerschein.

»Mein jüngerer Bruder Max, der das Unternehmen meines Vaters inzwischen leitet, ist dagegen, dass ich ihn mache«, erzählte sie. »Er meint, dass es vollkommen genügt, wenn ich den kleinen Schulbus fahre. Die großen Reisen, die soll ich den Männern überlassen.«

Aber nicht nur Max, auch ihr Mann legte sich quer und drohte sogar mit Scheidung.

Die erste Aufstellung für Magdalena A.

- Magdalena
- Der Ehemann
- Max, ihr jüngerer Bruder
- Der Autobusführerschein

Bilder in den Raum gestellt

Die Eheleute stehen einander direkt gegenüber, wie zwei Feinde in einem Wildwestfilm, und werfen sich finstere Blicke zu. Der Autobusführerschein, unbeeindruckt von der Spannung, strahlt, wackelt einladend mit den Hüften und macht Magdalena ganz offensichtlich den Hof. Sie nimmt sein Werben gar nicht wahr.

»Ich sehe meinen Mann, und er schaut so finster.«

Der nickt bestätigend mit dem Kopf: »Ich sehe meine Frau und neben ihr den Führerschein, das ist mir nicht recht.«

Der Führerschein lässt sich nicht abwimmeln: »Ich gehöre zu ihr, ich möchte näher kommen«, sagt er bestimmt und versucht, unauffällig die Distanz zu verringern.

Dann kommt auch noch Max, der jüngere Bruder von Magdalena, ins Spiel und findet seinen Platz dort, wo er hingehört – im Lager des Feindes.

Max fühlt sich neben seinem Schwager stark und verschränkt seine Arme vor der Brust: »Auch ich will nicht, dass du den Autobusführerschein machst.«

Die Repräsentantin von Magdalena schaut verzagt auf die Übermacht der Männer, dann auf ihren Führerschein, der seine Hand ausstreckt.

»Du gehörst zu mir, das stimmt«, sagt sie.

Der Führerschein ist gerührt, sein Lächeln wie weggewischt: »Ich habe so lange auf dich gewartet.«

Es dauert eine Weile, bis es Magdalena gelingt, Hand in Hand mit dem Autobusführerschein den beiden Männern klar zu machen, dass sie weder einen Freibrief als Ehefrau noch eine Entmachtung ihres jüngeren Bruders anstrebt.

»Auch wenn ich deine ältere Schwester bin, du bist der Chef unseres Unternehmens, und das respektiere ich«, sagt sie.

Ihr Mann, der zuvor von seiner Angst gesprochen hatte, dass seine Frau ihm entgleiten könnte, dass er allein in dem viel zu großen Haus zurückbleiben müsste, wird ebenfalls beruhigt.

»Du bist und bleibst mir wichtig«, sagt sie, »auch wenn ich von nun an manchmal auf Reisen gehe ...«

Ein Jahr später

Ein Jahr später ist Magdalena wieder da, diesmal wesentlich selbstbewusster.

»Früher hat es mich nicht gestört«, sagt sie, »aber jetzt merke ich, dass ich fast so etwas wie die Sekretärin meines jüngeren Bruders geworden bin. Ich möchte selbstständiger werden, ich möchte mir einen eigenen Autobus kaufen. Mein Erbe, das mein Vater mir schon ausgezahlt hat, reicht dafür. Ich will Max keine Konkurrenz machen. Der Bus, den ich kaufen möchte, soll ganz speziell für Behinderte ausgestattet sein. Meine Frage ist, soll ich selbst eine Firma gründen, oder kann ich im Familienunternehmen bleiben und dort einen eigenen Bereich abdecken.«

Die zweite Aufstellung für Magdalena

- Magdalena
- Max, ihr jüngerer Bruder
- Die Frau von Max, die im Unternehmen mitarbeitet
- Die Mutter
- Der Vater
- Das Autobusunternehmen
- Der neue Autobus
- Die Kunden des Autobusunternehmens
- Die neuen potenziellen Kunden

Bilder in den Raum gestellt

Die Gründer der Autobusfirma, die Mutter und der Vater von Magdalena schauen auf ihren Sohn Max, den jetzigen Eigentümer, der ihnen direkt gegenübersteht. Zwischen den beiden eingeklemmt ihre Tochter Magdalena, und sie atmet schwer.

Max spricht, nein zischt, noch ehe er gefragt wird: »Ich würde sie am liebsten schlagen. Sie steht bei meinen Eltern, die ganze Aufmerksamkeit gehört ihr, und ich bekomme nichts.«

Seine Schwester ist alles andere als glücklich über diese Enge: »Ich möchte weg, ich bekomme keine Luft, mir ist das viel zu eng. Ich bin für die beiden verantwortlich.«

Die Eltern sind müde und möchten eigentlich mit all dem nichts zu tun haben.

Im Abstand dazu, mit Blick auf die Gruppe, wartet resigniert das Autobusunternehmen und lässt die Schultern hängen: »Ich bin grau und schon ein bisschen schäbig. Ich fühle mich müde und alt.«

Die Frau von Max steht zwischen ihrem Mann und dem Autobusunternehmen allein da und beschwert sich, dass sie von ihrer Schwägerin und den Schwiegereltern nicht genug geschätzt wird.

Nur dem neuen Autobus, noch unverbraucht und sehr vital, geht es gut.

Er wetzt auf seinem Stuhl am Rand des Bildes hin und her und möchte endlich in Aktion treten: »Ich bin schon ungeduldig, ich möchte endlich fahren, mir dauert das alles hier viel zu lang.«

Die Frau, die ihn darstellt, ist jung und trägt eine graue Leinenhose und einen blausilbernen Pulli.

Die echte Magdalena sitzt am Rand des Geschehens und nickt bestätigend: »Genau so ist es in meiner Familie. Ich fühle mich sehr verantwortlich für meine Eltern, mein Bruder ist eifersüchtig auf mich, und meine Schwägerin, die sehr viel für die Firma tut, fühlt sich tatsächlich zu wenig geschätzt. Selbst meinen Autobus erkenne ich wieder. Er wird blau-metallic sein.«

Als erster Schritt wird das Double von Magdalena an ihren richtigen Platz in der Geschwisterreihe neben Max gestellt. Erleichterung macht sich breit, und die beiden lächeln einander an.

Die Eltern spüren, dass Magdalena zwischen ihnen fehlt, und haben sich nichts zu sagen.

»Das, was zwischen euch ist, kann ich nicht lösen, ich bin das Kind, und ihr seid meine Eltern«, sagt ihre Tochter bestimmt und gibt den beiden symbolisch die Last, die sie so lang getragen hat, zurück.

Kaum ist Magdalena frei, wird ein Ersatz für sie gesucht.

Die Eltern werden gebeten, ihrem Sohn den wahren Satz zu sagen: »Das ist das Autobusunternehmen, das wir gegründet haben und das du übernommen hast.«

Der Vater hat keine Mühe damit.

Die Mutter fängt an zu schwitzen: »Das kann ich nicht, er ist doch gar nicht in der Lage dazu. Er soll bei mir bleiben, da gehört er her.«

Es dauert eine Weile, bis auch hier klar ist, dass Kinder für ihre Eltern nicht zuständig sind, dass der Fluss nur in einer Richtung fließen kann.

»Mutter, wenn du etwas brauchst, wende dich bitte an deinen Mann, meinen Vater«, sagt Max zum Abschluss und richtet seine Aufmerksamkeit dann auf sein Autobusunternehmen. Nicht ohne vorher zu würdigen, dass seine Eltern das Unternehmen gegründet haben. Die Frau von Max freut sich über die neue Selbstständigkeit ihres Mannes und wird von der Familie für ihre Verdienste anerkannt.

Jetzt, wo in der Firma alles geklärt ist, kann der neue Autobus endlich vorgestellt werden, und mit ihm kommt Lebendigkeit in die Szene. Das Familienunternehmen erwacht aus seiner Lethargie und scheint sich nicht vor Konkurrenz zu fürchten.

Der neue Autobus und das alteingesessene Autobusunternehmen lächeln einander an und haben keine Mühe, in einen konstruktiven Dialog zu treten.

»Du bist erfahren, und ich lerne von dir«, sagt der blaue Autobus bewundernd, klimpert mit den Wimpern und wird mit einem Kompliment belohnt.

»Du bist so jung und frisch, du bringst uns Hoffnung und Schwung. Wir werden die Sitze unserer Autobusse neu überziehen«, antwortet freudig der Mann, der die Firma repräsentiert, und er wirkt gleich weniger behäbig.

Die Eltern sind erstaunt, aber neugierig und haben nichts gegen den jungen Zuwachs. Und die Kunden des Familienautobusunternehmens sitzen am Rand und schauen mit Interesse dem Geschehen zu.

»Für uns ist es gut«, sagen sie, »wenn wir zwischen zwei Autobussen wählen können, der blaue Autobus gefällt uns, er bringt neuen Schwung.«

Auch die zukünftigen Kunden sind interessiert und freuen sich schon, wenn er endlich in Betrieb genommen wird.

Ende gut, alles gut?

Nicht ganz. Max verfällt in seine alte Eifersucht und hat Angst, dass seine Schwester ihm in der Firma seinen Platz wegnehmen könnte.

Doch Magdalena und ihr Autobus möchten ohnehin nicht vom Familienunternehmen geschluckt werden.

»Wir wollen eine Kooperation«, sagt sie.

»Wir wollen gemeinsam werben«, ergänzt der blaue Autobus. »Mit schönen Prospekten und einem guten Programm.«

»Ich brauche mein eigenes Unternehmen, ich möchte selbstständig sein«, erklärt Magdalena ihrem Bruder.

Er zögert eine Weile und braucht Zeit, daran zu glauben, dass seine ältere Schwester mit ihrem Autobus das Geschäft beleben könnte. Dann aber antwortet er überzeugt: »Jetzt sehe ich dich mit ganz anderen Augen und akzeptiere deine Kompetenz. Ich freue mich auf unsere Zusammenarbeit.«

Die Eltern wollen sich von nun an auch nicht mehr einmischen: »Wir können jetzt beruhigt in Pension gehen. Die Kinder machen das schon ...«

Was Magdalena ein Jahr später erzählte

Bei mir hat sich viel geändert seit den beiden Aufstellungen. Zuerst habe ich meinen Autobusführerschein gemacht. Dann wurde mir klar, dass ich eine eigene Firma gründen will. Aber kaum war der Entschluss gefasst, geschahen plötzlich so viele andere interessante Dinge, dass ich meine Firmengründung verschieben musste.

Ich wurde zur Bezirksvorsitzenden von »Frau in der Wirtschaft« gewählt, das ist eine Gruppierung innerhalb der Wirtschaftskammer. Wir haben in diesem Jahr eine wunderschöne Ausstellung organisiert: »Bäuerinnen und Unternehmerinnen«, und ich habe bei all meinen Auftritten gemerkt, dass ich viel selbstbewusster bin.

Ich bin Wege gegangen, die ich mir früher nie zugetraut hätte. Inzwischen mache ich schon anderen Frauen Mut und sage ihnen: »Springt über die Hürden, es ist nicht schlimm.«

Im Herbst ist es nun so weit, da werde ich meine eigene Firma gründen. Inzwischen begleite ich immer wieder Reisen unseres Familienunternehmens und merke, dass sich auch das Bewusstsein meines Bruders stark geändert hat. Er anerkennt jetzt meine Kompetenz.

Systemisches Wissen

Ein Familienbetrieb, der an den Sohn vererbt wird, obwohl es eine ältere Tochter gibt, kann in Schwierigkeiten kommen. Traditionelle Sitten und Gebräuche, die systemischen Prinzipien zuwiderlaufen, heben deren Auswirkungen nicht auf. Die Betroffenen werden nur oft blind für solche Zusammenhänge. Natürlich müssen diese Auswirkungen nicht immer eintreten, aus systemischer Sicht ist es jedoch nützlich, diese Möglichkeit zu beachten.

Die Anerkennung der zeitlichen Reihenfolge ist auch in einem Familienbetrieb wichtig. Magdalena ist die ältere Schwester, Max ihr jüngerer Bruder. In dieser Geschichte fügt sich Magdalena zunächst in die untergeordnete Rolle »als Sekretärin«, bemerkt aber zunehmend, dass sie am falschen Platz steht.

Doch nicht nur in Bezug auf ihren Bruder steht sie nicht am richtigen Platz. Sie fühlt sich für ihre Eltern verantwortlich und trägt deren Last. Trotz aller guter Absicht hat es aus systemischer Sicht keine heilsame Wirkung, wenn jemand fremde Lasten trägt. Eine Nebenwirkung dieser übernommenen Last ist eine bevorzugte Rolle, die Magdalena hier einnimmt. Sie ist in der Familie besonders wichtig. Die Eifersucht ihres Bruders ist durch diese »bevorzugte« Rolle zwischen den Eltern erklärlich.

Erst als die eigentliche Reihenfolge wieder anerkannt ist, Magdalena an ihrem Platz als Älteste in der Geschwisterreihe steht und die Lasten, die sie für ihre Eltern getragen hat, symbolisch zurückgegeben sind, wird ein friedliches Nebeneinander in der Firma möglich.

Eine wichtige systemische Einsicht ist, dass der eigentliche Ausgleich in der Anerkennung der Ausgleichsverpflichtung liegt. Diese Einsicht ermöglicht einen real wirksamen Ausgleich durch eine symbolische Handlung. Hier durch eine symbolische Rückgabe einer übernommenen Last und deren symbolische Annahme als Anerkennung der Ausgleichsverpflichtung.

Am Ende der Aufstellung kann Max durch die neu gewonnene Klarheit im Familiensystem seine Schwester neu sehen: nicht als Konkurrenz, sondern als gleichberechtigte Geschäftspartnerin, als Frau mit großen Fähigkeiten.

Diese beiden Aufstellungen wurden von Renate Daimler geleitet.

Das Kammerorchester

»Ich will, ich werde, ich bin entschlossen«, sagt er und setzt bei jedem der Worte seine Stimme und seinen Körper ganz bewusst als Verstärkung ein. Fast so, als ob er sich durch seinen beschwörenden Ton selbst überzeugen müsste, eine imaginäre Hürde zu überwinden.

Gabriel B. ist Geiger und Dirigent und möchte endlich – mit mehr als sechzig Jahren – einen lang gehegten Wunsch verwirklichen.

»Ich will wieder ein Kammerorchester gründen – mit mindestens zwanzig Musikern. Ich habe ein solches Ensemble schon einmal geleitet. Damals waren wir jung und idealistisch und spielten für ein Butterbrot. Die Musiker, die ich jetzt gewinnen möchte, müssen wieder Profis sein. Das waren wir ja damals auch, aber heute sind wir älter und müssen Geld verdienen. Also brauche ich – leider – ein gutes Sponsoring, sonst ist mein Plan nicht realisierbar.«

Gabriel B. spricht mit großer Leidenschaft und Begeisterung. Gleichzeitig aber mit einer Schwere, als ob ein Klotz an seinem Bein hinge, der ihn daran hinderte, seinen Plan umzusetzen. Auf die Frage, ob es denn jemanden gebe, der gegen seine Idee eines Kammerorchesters sein könnte, wird seine Stimme kämpferisch, und seine Antwort kommt rasch und ohne lange Überlegung.

»O ja, die Konkurrenz! Die anderen Ensembles, deren Agenten ... Es sind viele, die kann man gar nicht alle aufzählen.«

Als Insa Sparrer ihm vorschlägt, sich zu fragen, woran er am nächsten Morgen erkennen könne, wenn sich wie durch ein Wunder alle Probleme über Nacht gelöst hätten, entspannt sich Gabriel B. und schildert seine ersten Schritte, die ihn der Verwirklichung seines Plans näher bringen könnten.

»Ich würde sofort aktiv werden, würde die Sponsoren ansprechen und sie durch meine Begeisterung zu überzeugen versuchen. Ich bin sicher, dass die drei Hauptsponsoren, die ich im Auge habe, das Projekt mühelos finanzieren könnten. Dann würde ich die Musiker engagieren und einen Geschäftsführer, einen Schatzmeister und einen Rechtsvertreter suchen ...«

Als ihn Matthias Varga am Ende des Interviews nach einer Ressource fragt, die ihm neben seiner Begeisterung für die Musik noch nützen könnte, überlegt er lange und sagt dann: »Mein Werdegang.«

Die Aufstellung für Gabriel B.

- Gabriel B.
- Die Gründung des Kammerorchesters (später nur noch »das Kammerorchester« genannt)
- Das Wunder
- Sponsor A
- Sponsor B
- Sponsor C
- Der Werdegang
- Die Musikerinnen
- Die Musiker
- Geschäftsführer/Schatzmeister/Jurist

Später ergänzt:

- Das, worum es auch noch geht
- Das, was noch fehlt
- Die Musik

Gabriel B. schaut über seine Goldrandbrille suchend durch den Raum, und ich hebe ganz leicht meine Hand, als es um das Kammerorchester geht. Ich wollte schon immer gerne ein Orchester darstellen.
Er lacht und sagt: »Dich hätte ich ohnehin gewählt.«

Bilder in den Raum gestellt
Renate Daimler erzählt als Repräsentantin des Kammerorchesters

Ich fühle mich wie auf einem Jahrmarkt. Stimmengewirr, fröhliches Lachen, es kommen immer mehr Menschen dazu. Ich bin so keck und ausgelassen, dass ich mich nicht darum kümmere, wer die anderen sind, die zu meiner Truppe gehören. Wenn ein Neuer ausgewählt wird, der hier bei uns mitspielen soll und sich dazustellen, dann frage ich manchmal ganz kindlich und unverblümt: »Wer bist du?« Aber nur, wenn er mich besonders interessiert.
Ich genieße, dass ich mich so frei und leicht und so spielerisch fühle. Vor mir, da bin ich sicher, liegt eine aufregende, lustvolle Zukunft, und das Stimmengewirr rund um mich gehört dazu. Neben mir steht der Repräsentant des Mannes, der mich ins Leben rufen will, und lächelt mich verschmitzt an. Ich mag ihn, und mein Herz klopft vor Freude.
»Du bist die Gründung eines Kammerorchesters«, sagt er zu mir.

Und meine ganze Freude ist mit einem Schlag weg.

»Ich bin keine Gründung, ich bin das Kammerorchester«, sage ich beleidigt und fühle mich sofort von ihm eingeschränkt.

Dann wird er ohnehin von Gabriel B., den er darstellen wird, auf seinen Platz im Raum geführt.

Jetzt bin ich dran. Ich straffe meine Schultern und bin ganz aufmerksam. Gleich werden sich seine Hände auf meine Schultern legen, und ich werde auch offiziell das sein, wozu ich ausersehen bin: ein wunderbares Kammerorchester.

Gabriel B. steht unschlüssig neben mir und sagt fragend zu den Aufstellungsleitern: »Jetzt müsst ihr mir helfen. Ich weiß nicht mehr, wer hier das Kammerorchester darstellt.«

»Ich!«, rufe ich, empört darüber, dass er sich nicht mehr an mich erinnert.

Die Hände, die sich auf meine Schultern legen und mich durch den Raum führen, sind behutsam, aber etwas schwer. Ich merke, dass ich ihm noch immer nachtrage, dass er mich nicht sofort erkannt hat. Doch kurz danach ist mein Unmut schon verflogen.

Ich bin jetzt dort, wo ich hingehöre: direkt neben meinem Verbündeten, dem Repräsentanten von Gabriel B. Für einen Augenblick flammt noch ein Funken Zorn auf, dass er mich vorher mit der »Gründung eines Kammerorchesters« verwechselt hat, obwohl ich viel umfassender bin. In mir vereint sich das gesamte Orchester. Aber dann lächeln wir einander an, fast wie ein Liebespaar.

Meine Begeisterung wächst, ich kann meinen Blick nicht mehr von ihm abwenden. Wenn er lächelt, lächle ich, wenn er die Stirn runzelt, runzle ich die Stirn, wenn er einverstanden ist, bin ich es auch. Ich folge jeder seiner Regungen und bin glücklich, dass es so ist.

Nach und nach kommen die anderen dazu.

Ich sehe sie, aber sie haben wenig Bedeutung für mich. Ich bin nur auf Gabriel B. bezogen und bilde meine Meinungen nach seinem Gesichtsausdruck. Das Einzige, was mich im Augenblick interessiert, ist sein Lächeln, das mein Herz wärmt. Ich suche immer wieder seinen Blick und spüre meinen starken Wunsch nach Beachtung.

Jetzt, als ich mir seiner Zuwendung sicher bin, kommt die Neugierde, und ich nehme zum ersten Mal die anderen wahr. Ich wundere mich, dass die Musikerinnen weit weg von ihren männlichen Kollegen links hinter mir stehen und ziemlich unglücklich wirken. Und auch den Musikern, die an mir vorbei auf die rechte Seite geführt wurden, fehlt jede Kraft. Ich kann ihre ernsten Gesichter nicht mit der Musik verbinden, die unser Orchester spielen soll.

Rechts neben mir steht eine Frau mit einer roten Jacke. Ich höre, dass sie der Werdegang ist, und verstehe nicht, warum sie so weit entfernt von Gabriel B. steht. Die beiden gehören doch eigentlich zusammen!

Jetzt drehe ich mich um und sehe direkt in die Gesichter der Sponsoren. Gott, sind die ernst und langweilig! Eine leichte Verachtung macht sich in mir breit. Die sollen sich nicht einmischen und einfach ihr Geld hergeben. Was wissen die schon von guter Musik.

Auch das Wunder kommt mir völlig wirkungslos vor. Eingezwängt zwischen den Sponsoren und den Musikerinnen steht es da und erscheint mir wie eine unbedarfte Touristin, die sich als Wunder tarnt. (Die Frau, die es darstellt, ist braun gebrannt.)

Der Mann, der Geschäftsführer, Schatzmeister und Jurist in einer Person vereint, ist aus meinem Blickfeld verschwunden. Er wurde gebeten, zunächst auf seinem Platz sitzen zu bleiben. Aber das stört mich nicht. Er ist für mich nicht wichtig. Später höre ich ihn hinter einer Säule sprechen und bekomme vage mit, dass auch er für mich eine Bedeutung haben wird, weil er unter so ungeklärten Umständen nicht bereit ist, meine Gründung zu unterstützen. Aber noch bin ich zufrieden in meinem behaglichen Kokon. Gabriel B. und ich. Das ist genug für meine Welt.

Ein wirkliches Rätsel ist für mich die Frau, die mir und Gabriel direkt gegenübersteht. Sie sieht mich auf eine seltsame Weise an, und ich werde nicht schlau daraus, wieso sie – fast wie ein Ziel – vor uns steht.

Ich möchte meinen Freund und Beschützer neben mir am Ärmel zupfen und ihn fragen, wer sie ist. Aber in diesem Augenblick wendet sich Gabriel B. mir zu, zeigt auf die Frau, zuckt mit den Schultern und wirft mir einen fragenden Blick zu, der mich beruhigt. Auch er kennt sie nicht. Wir sind auch in unserem Unwissen vereint.

Seiner Zuwendung nun endgültig sicher, lehne ich mich innerlich zurück und warte gelassen, was da kommen wird.

Als er dann spricht, bin ich irritiert.

»Ich mag das Geplänkel mit ihr«, sagt er. Und er meint leider mich. »Aber die Frau mir gegenüber, von der ich nicht weiß, wer sie ist, ist mir viel wichtiger. Ich habe mit ihr etwas zu tun.«

Ich fühle mich verraten und verkauft. Ich war so sicher, dass es außer uns beiden niemanden von Wichtigkeit gibt, und nun soll sie die Wichtigere sein. Aber erstaunlicherweise fühle ich keine Konkurrenz zu dieser anderen Frau, sondern nur Mitgefühl. Ich merke, wie in mir die Tränen hochsteigen, und schlucke sie schnell hinunter, als sie ihm antwortet.

»Bei mir geht es nicht um Erotik und auch nicht um Konkurrenz«, sagt sie. »Aber ich bin mächtig und habe den Taktstock in der Hand und bin interessiert am Werdegang. Ich mag auch die Musiker, sie sind mir wichtig. Und wenn ich will, habe ich die Sponsoren auf meiner Seite.«

Jetzt weiß ich plötzlich wieder, dass sie eigentlich als Konkurrenz, die gegen das Kammerorchester sein könnte, aufgestellt wurde, und wundere mich noch mehr, dass sie nicht wie eine Konkurrentin spricht.

Jetzt bin ich dran. Ich höre mir zu, wie ich keck und sehr von mir überzeugt meine Gefühle schildere. Ich deklariere meine Liebe zu Gabriel B., mache das Wunder schlecht, beleidige die Sponsoren, indem ich sie eine »müde Truppe« nenne, und beschwere mich, dass der Werdegang am falschen Platz steht. Außerdem ärgert mich, dass die Musikerinnen so weit im Hintergrund sind.

Als sie jetzt sprechen, fühle ich mich in meiner Annahme bestätigt.

»Ich stehe hier wie ein kleines Schulmädchen, das den Anforderungen entsprechen soll«, beschwert sich die Frau, die sie darstellt. »Es ist, als ob ich jetzt die Verantwortung dafür übernehmen soll, für die Sponsoren so zu spielen, dass sie uns Geld geben. Das überfordert mich. Ich will Musik machen und nicht unter einem so starken Leistungsdruck stehen. Ich will nicht in die Geschäfte involviert werden. Wenn das hier so weitergeht, spiele ich lieber bei der Konkurrenz.«

Die männlichen Musiker sind zwar etwas wohlgesonnener, aber es fehlt der Zusammenhalt, den es braucht, wenn etwas aus uns werden soll. Langsam bekomme ich Angst. Ich weiß im Kopf, dass sie für mich wichtig sind, aber ich kann es im Körper nicht spüren. Es ist, als ob mir der Zugang zur Musik fehlt.

Jetzt äußern sich zu allem Überfluss die Sponsoren. Sie wollen mit mir nichts mehr zu tun haben, weil ich sie beleidigt habe, nennen mich arrogant, haben sich Musik erwartet und keine Komplikationen.

Einer mit einem gelben Pullover zieht sich schnell die ärmellose Jacke mit Außentaschen aus, die er darüber trägt: »Ich habe alle Hände voll zu tun, ich muss mir meine Taschen zuhalten, unter diesen Umständen bekommen die von mir nichts! Außerdem will ich nicht als ›Geldmaschine‹ missbraucht werden.«

Ich schäme mich und fühle mich schuldig. Jetzt ist das Spiel plötzlich ernst. Ich weiß, dass es mich nicht geben wird, wenn die Sponsoren abspringen. Ich wende mich schnell um und mache eine kleine Verbeugung.

»Ich möchte mich entschuldigen«, sage ich leise und hoffe, dass es niemand außer den Sponsoren hört.

Als neben mir der Werdegang spricht, wird mein Herz noch schwerer: »Ich habe sofort gewusst, dass ich meine Jacke anziehen muss, als ich aufgestellt wurde. Es war mir klar, dass ich wichtig bin, dass wir nur mit mir gemeinsam bestehen können. Doch seit ich hier bin, wird es immer schwerer und dunkler um mich, und ich werde immer trauriger. Das, was sich in mir als Satz formt, heißt ›Dunkelheit und Krieg‹.«

Ich spüre, wie das Gefühl von Trauer, Dunkelheit und Krieg wie eine Welle überschwappt und auch mich erfasst, und weiß, dass der Werdegang die Wahrheit spricht.

Einen Augenblick erinnere ich mich mit Wehmut an die, die ich am Anfang der Geschichte war. An das Gefühl von Jahrmarktstimmung, Freude und Leichtigkeit. Was ist aus mir geworden?

Ich sage verzweifelt: »So kann man kein Kammerorchester gründen, hier stimmt was nicht. Hier gibt es ein Geheimnis.«

Von nun an verstehe ich nicht mehr genau, was passiert. Ich weiß nur, wenn hier nicht Licht ins Dunkel kommt, dann muss ich sterben. Der Gedanke verursacht ein ziehendes Gefühl in meinem Unterleib, und ich versuche, gar nicht erst daran zu denken.

Mein Blick fällt Hilfe suchend auf die Frau, die eigentlich ursprünglich als Konkurrenz aufgestellt wurde. Ich weiß, dass sie der Schlüssel ist, dass dieses Hindernis, das meine Gründung vereiteln könnte, nicht, wie Gabriel B. dachte, die Konkurrenz ist, sondern etwas aus seiner Vergangenheit, das mich zutiefst berührt.

Die Frau, die ganz offensichtlich nichts gegen mich hat, wird jetzt umbenannt und trägt den Namen »Das, worum es auch noch geht«. Wer immer sie ist, ich spüre eine starke Verbundenheit mit ihr.

Die neue Konkurrenz ist ein Mann, der ganz hinten ins Bild gestellt wird und sich überhaupt nicht für uns interessiert. Er gibt an, dass er sich den elektronischen Medien zuwendet, und schaut zufrieden und fasziniert auf den Fernseher in einer Ecke und auf ein Aufnahmegerät, das auf dem Tisch daneben steht. Ich bin beruhigt. Eine Gefahr weniger.

Das Wunder ist nun Gott sei Dank auch schon in Aktion getreten. Es wurde ein Stück entfernt auf einen Sessel gestellt, und ich genieße es, dass ich seine Kraft gut spüren kann. Denn hier braucht es wirklich ein Wunder.

An dieser Stelle wird der Repräsentant aus der Aufstellung herausgenommen, der »echte« Gabriel B. ersetzt sein Double und spricht nun endlich mit seinem Werdegang. Ich höre, wie er sagt, dass er auch die schweren Erfahrungen seiner Vergangenheit achten und ehren werde. Ich bin froh, dass er seinen Werdegang jetzt endlich annimmt, und merke, dass es mir Kraft gibt, wenn er so ernst spricht.

Als er anschließend mit der Frau, die jetzt »Das, worum es auch noch geht« darstellt, Kontakt aufnimmt und sagt: »Du bist mir wichtig, und du gehörst dazu«, schöpfe ich Hoffnung, dass alles gut wird. Und mein Gefühl, dass sie mit mir verbunden ist, wird noch stärker.

Meine unkritische Leidenschaft für meinen Gründer hat sich inzwischen gewandelt. Mein Herz schlägt für die Musiker, die Sponsoren sind mir wichtig, und als wir gebeten werden, alle gemeinsam ein Stück in Richtung Zukunft zu gehen, wo das Wunder auf seinem Stuhl steht, merke ich, dass es für mich eine Bedingung gibt.

Ich suche den Blick von »Das, worum es auch noch geht«, das inzwischen ein Stück zur Seite getreten ist und uns den Weg freigibt, und tauche ein in ein schwesterliches Verbündetsein. Mir ist klar, solange ich nicht ihre Erlaubnis habe, kann ich keinen Millimeter weitergehen.

Sie lächelt mich an, sie nickt mit dem Kopf, bedeutet mir mit der Hand – fast ungeduldig –, dass ich endlich weitergehen soll. Und mit einem Aufatmen merke ich, dass mein Weg jetzt frei ist. Ich kann mit den anderen ein Stück nach vorne treten.

Aber noch ist nicht alles gelöst, denn Gabriel B. fühlt sich noch immer nicht wohl.

Insa Sparrer stellt die Musik dazu, und mir wird plötzlich klar, warum ich bisher so wenig Beziehung zu den Musikern finden konnte. Die Musik war es, die hier gefehlt hat. Doch jetzt benimmt sie sich völlig eigenartig. Sie versteckt sich hinter dem Wunder und weigert sich, uns anzusehen. Ohne Musik macht das alles keinen Sinn.

Ich bin verzweifelt und sage verbittert: »Das wird nichts mehr mit uns.«

Erst als noch eine Person dazukommt, die »Das, was noch fehlt« genannt wird, tritt langsam Entspannung ein. Die Musik erwacht aus ihrer Erstarrung, kommt aus ihrem Versteck heraus und hört aufmerksam zu, als Gabriel B. diesem Teil verspricht, ihn von nun an einzubeziehen.

»Du bist mir wichtig, du gehörst zu uns«, sagt er, und jetzt ist endlich alles gut.

Ich bin müde, aber glücklich. Ich bin nicht mehr dieses unbeschwerte Kammerorchester, das ich am Anfang glaubte zu sein. Ich habe eine lange Geschichte, die weit in die Vergangenheit reicht. Doch in mir ist eine neue Tiefe entstanden, die unserer Musik gut tun wird.

Was Gabriel B. ein paar Tage später erzählte

Ich bin total erstaunt. Ich wäre nicht auf die Idee gekommen, dass meine Vergangenheit so stark auf die Neugründung meines Orchesters wirkt. Am meisten verblüffte mich, dass die Repräsentantin meines »Werdegangs« so überzeugend von Dunkelheit und Krieg sprach, obwohl sie meine Geschichte nicht kannte. Es gab tatsächlich dunkle Zeiten.

Ich bin in Dresden geboren und habe die Angriffe vom 13. und 14. Februar 1945 miterlebt. Ich war damals fünf Jahre alt.

Wir haben am Stadtrand gewohnt, und über unser Haus flogen die Bomber. Es gab zu früh Entwarnung, meine Eltern kamen aus dem Keller in die Wohnung und traten auf den Balkon. Ich bin ihnen unerlaubt nachgelaufen. Da sah ich unter mir die brennende Stadt, alles war rot, ein einziges Feuermeer. Plötzlich flogen erneut Flugzeuge über unser Haus, meine Mutter trat vor Schreck zurück und riss mich dabei um. Wir sind wieder zurück in den Keller gestürzt. Auf dem Weg dorthin zerbrach über mir ein großes Fenster, das mich glücklicherweise nicht verletzte.

Jahre später, ich war damals zwölf, kam der nächste Schock. Gewöhnt, mein Zimmer selbst aufzuräumen, nahm ich mir aus dem Wäscheschrank frische Bettwäsche, dabei rutschte mir eine Dokumentenmappe entgegen, die sich von alleine öffnete. Heraus fiel die Sterbeurkunde meiner wirklichen Mutter.

Ich stürzte aus meinem Zimmer zu der Frau, die ich bis zu diesem Zeitpunkt als meine Mutter gespürt hatte. Sie hatte mir erklärt, dass mein Vater tot sei. Im Krieg gefallen. Sie fing heftig an zu weinen und erzählte mir endlich die wahre Geschichte.

Als ich ein Jahr alt war, starb meine Mutter an den Folgen meiner Geburt. Mein Vater war Jude, ein Tuchfabrikant aus der ehemaligen Tschechoslowakei, der oft nach Chemnitz kam. Meine Mutter arbeitete dort in einem jüdischen Kaufhaus. Er hatte in Chemnitz eine Wohnung. Sie verliebten sich ineinander, und sie wurde schwanger. Mein Vater soll angeblich seine Vaterschaft geleugnet haben. Jedenfalls hat mir das meine Pflegemutter erzählt. Tatsache aber war, dass sie meine Herkunft verschleiern musste, denn ein jüdischer Vater hätte mich damals mein Leben kosten können. Ich habe jahrelang versucht, die Spur meines Vaters zu finden, aber es ist mir nicht geglückt. Ich weiß nicht, ob er den Holocaust überlebt hat.

Meine Pflegemutter war herzensgut, aber dass sie mir meine wahre Herkunft so lange verschwiegen hat, das finde ich heute noch unverzeihlich. Wenn ich später mehr darüber wissen wollte, sagte sie immer unter Tränen: »Ich habe deiner Mutter am Sterbebett versprochen zu schweigen.«

Die nächste schwierige Entdeckung machte ich viele Jahre später in der Schweiz während meiner ersten Ehe – und wieder fiel etwas aus einem Schrank. Diesmal war es ein kleines Notizbuch.

Ich war dreißig Jahre alt und hatte gerade mein erstes Kammerorchester gegründet. Ich war glücklich. Wir haben damals intensiv geprobt und sind für wenig Geld aufgetreten. Ich war Dirigent und Manager in einer Person.

Das kleine Buch, das aus dem Schrank fiel, enthielt Notizen meiner damaligen Ehefrau. Sie schrieb sich ihre Verzweiflung von der Seele, weil ich meinen sicheren Beruf als angestellter Musiker an einem Opernhaus aufgeben wollte, um nur noch für mein Orchester da zu sein. Ich war von ihrer Verzweiflung – wir hatten zwei kleine Kinder – so berührt, dass ich das Kammerorchester wieder einschlafen ließ und den Musikern sagte, dass wir nicht genug Auftritte hätten.

Kurz danach verfiel ich in eine wochenlange tiefe Depression. Die Trauer um dieses Orchester hat mich seither nie mehr verlassen.

Ich blieb noch Jahrzehnte an der Oper, an der ich als Musiker tätig war. Als ich von dort wegging, um mich beruflich neu zu orientieren, fing ich an, die Musik abzuwerten. Ich redete mir ein, dass sie nicht so wichtig sei. Es gab sogar Zeiten, wo ich nicht einmal Musik hören wollte.

Ich verstehe jetzt, dass mein Werdegang und die Geschichte rund um das alte Kammerorchester eine wichtige Rolle spielen. »Das, worum es auch noch geht« war wohl eine Erinnerung daran, dass mein neues Kammerorchester auf den Erfahrungen des alten aufbauen kann, wenn alles geklärt ist. »Das, was noch fehlt« hat mir gezeigt, dass ich der Musik für diese Zeit, in der ich sie abgewertet habe, Abbitte leisten muss, wenn ich jetzt wieder ein Orchester gründen will.

Systemisches Wissen

Gabriel B., sehr entschlossen, seine Vision zu verwirklichen, spürt, dass ihn etwas daran hindert, und ortet die Hindernisse bei den Sponsoren, beim Finden von Schatzmeister, Jurist und Geschäftsführer. Und vor allem – beim Neid der Konkurrenz. Doch zu einem Projekt gehören nicht nur die beteiligten Personen und eine Beurteilung der Marktlage, sondern auch »das, worum es auch noch geht«, der eigentliche Wert.

So wichtig die Gründung des Kammerorchesters für Gabriel B. auch ist, so problematisch ist es doch, wenn durch die organisatorischen Belange hier etwas Essenzielles in den Hintergrund tritt, sodass in gewissem Sinn die Musik selbst fehlt. Das In-den-Hintergrund-Treten der Musik beruhte hier auf biografischen Ereignissen, die Gabriel B. im Verlauf des Prozesses bewusst werden.

Auch schwierige Ereignisse aus der Vergangenheit haben ein Recht auf Zugehörigkeit, weil sie zur persönlichen Geschichte gehören, die in diesem Fall die Handlungen stark beeinflusst. Die Wucht und die Rührung, mit der diese Erinnerungen für Gabriel B. in der Aufstellung auftauchen, lassen ihn die bisherigen Schwierigkeiten in einem neuen, überraschenden und sinnhaften Zusammenhang sehen und erleben.

Die offiziellen Hindernisse entpuppen sich bald als Scheinschwierigkeiten und lösen sich auf, denn die Repräsentantin der Konkurrenz, die als Haupthindernis aufgestellt wurde, erweist sich als Geschehen aus der Vergangenheit, das Gabriels Kreativität behindert. Die Musik ist »verschüchtert« im Sinne von verschüttet, solange nicht auch noch »das, was noch fehlt« dazugestellt wird.

Erst als diese »Ausgeschlossenen« einbezogen werden, fühlen sich alle wohl. Der Gründung des Kammerorchesters steht nun nichts mehr im Weg.

Deutschland gegen Österreich

Wenn es ein Länderspiel wäre, dann hätten die Zuschauer ihr Vergnügen, denn hier stehen sich zwei feindliche Teams gegenüber, jedes von sich überzeugt. Harte Kämpfer mit dem Willen, sich durchzusetzen, als einzige Gemeinsamkeit.

Doch das hier ist kein Ländermatch, es ist der bisher gescheiterte Versuch einer länderübergreifenden Zusammenarbeit.

Markus S., der »das Ding lösen soll«, wie er es nennt, bezeichnet sich selbst als »Hofnarr« seiner Firma und schildert sein Problem.

»Ich bin der Einzige in unserer Firma, der die Wahrheit sagen darf, denn bei uns gibt es keine Fehlerfreundlichkeit. Dem, der eine schlechte Botschaft überbringt, wird der Kopf abgehackt. Die anderen tauchen ab und bleiben ungeschoren.

Aus dieser Tradition heraus ist auch erklärbar, warum erst jetzt, wo das Ding eigentlich schon an die Wand gefahren ist, von unserem deutschen Projektleiter aus Österreich ein Hilferuf kommt. Bisher hat er ans Mutterhaus immer gemeldet, dass alles in Ordnung sei, dass die Vorbereitungen für die Produktion gut laufen.

Und jetzt stehen wir vor der Tatsache, dass das Produkt nicht rechtzeitig auf den Markt kommt, wenn nicht ein Wunder geschieht. Die englische Versicherung, bei der die Österreicher einen Vertrag auf Nichterfüllung abgeschlossen haben, ist schon ganz nervös, denn wenn dieses Projekt platzt, dann ist der Schaden unermesslich.

Wenn so etwas passiert, dann werde ich geholt. Ich bin zwar in der Firma angestellt, aber ich habe Freiheiten, die sonst keiner hat. In den letzten zwanzig Jahren wurde ich schon unzählige Male als Feuerwehr auf der ganzen Welt eingesetzt, darauf bin ich spezialisiert.

Ich muss das erklären. Die Geschichte ist nicht ganz einfach.

Zunächst gab es einmal einen Vertrag auf der Vorstandsebene der beiden Konzerne. Die haben sich geeinigt, diese Maschine gemeinsam zu bauen. Meine Firma hat das Know-how, die österreichische Firma die Kapazität, den Plan umzusetzen. Damit es keine Schwierigkeiten bei der Produktion gibt, wurde vertraglich festgelegt, dass das österreichische Team eine neue Arbeitsweise, die bei uns schon vor längerer Zeit eingeführt wurde, übernehmen muss. Keiner hat damals geprüft, was das bedeutet und welche Kosten damit verbunden sind.

Vor zwei Jahren wurde den Österreichern dann ein Team zur Verfügung gestellt, das ihnen helfen sollte, das Projekt umzusetzen. Und damit begannen die Probleme.

Ein Teil der Engineering-Abteilung blockierte die Zusammenarbeit. Von den hundert Mitarbeitern bestand ungefähr die Hälfte darauf, bei der alten Arbeitsweise zu bleiben, und machte ständig Fehler, um zu beweisen, dass unser System nichts taugt. Die lassen sich einfach nicht für unsere Anforderungen qualifizieren.

In der Entwicklungsabteilung ist es ähnlich. Auch dort gibt es Befürworter und Gegner des Projekts, die sich befehden.

Und da bin ich jetzt und soll den Karren aus dem Dreck ziehen, damit das Projekt endlich läuft.«

Die Aufstellung für Markus S.

Als Markus S. nach seinem Vorgespräch mit Insa Sparrer die Repräsentanten für die beiden Firmen aus den Teilnehmern des Seminars auswählt, wird schon allein durch die Anzahl der Beteiligten klar, dass es sich hier um eine ziemlich komplexe Geschichte handelt, in der es keine einzige Frau, dafür aber ausreichend Stoff für Verwicklungen gibt.

- Markus S., der als Feuerwehr geholt wurde
- Der Vorstand der österreichischen Firma
- Die Vorstände der deutschen Firma (durch eine Person dargestellt)
- Der Projektleiter des deutschen Teams, das nach Österreich kam
- Das deutsche Team (durch eine Person dargestellt)
- Der Projektleiter des österreichischen Teams

Und weil im österreichischen Team zwei verschiedene Abteilungen mitarbeiten, nämlich das Engineering und die Entwicklung, gibt es hier noch eine zusätzliche Hierarchieebene:

- Der Projektleiter des österreichischen Entwicklungsteams

Und dessen Team, das sich in zwei Lager spaltet:

- Die Überzeugten von der neuen Arbeitsweise (als eine Person)
- Die Loyalen zur alten Arbeitsweise (als eine Person)

- Der Projektleiter des österreichischen Engineeringteams

Und dessen Team, das sich ebenfalls in zwei Lager spaltet:

- Die Projektbefürworter, etwa fünfzig Ingenieure (durch eine Person dargestellt)
- Die Projektgegner, etwa fünfzig Ingenieure (durch eine Person dargestellt)

Außerdem:

- Das Projekt
- Das Ziel, die rasche Abwicklung des Projekts

Bilder in den Raum gestellt

Das Bild vom Fußballteam, in dem jeder für seine eigene Mannschaft kämpft, verschärft sich. Hier stehen einander tatsächlich zwei feindliche Lager gegenüber.
　Auf der einen Seite Österreicher, auf der anderen Seite Deutsche. Und zwischen ihnen viel leerer Raum, der unüberwindbar scheint. Der Schauplatz ist Österreich, und es sieht so aus, als ob die deutschen Kollegen nicht eingeladen wären, die Landesgrenze zu überschreiten. Aber die Kluft geht auch durch die eigenen Reihen.
　Die »Projektbefürworter« des österreichischen Engineeringteams sind ins »Feindesland« geraten und finden sich auf »deutschem Terrain« wieder.
　Es ist ein seltsames Bild: Ein einsamer Mann, der eine Gruppe von fünfzig Ingenieuren repräsentiert, die mit der neuen Arbeitsweise der deutschen Kollegen einverstanden sind, steht auf der »falschen Seite«. Neben ihm der deutsche Projektleiter, hinter ihm die »fremde« Mannschaft. Und in einer sehr direkten Konfrontation ihm gegenüber, auf der anderen Seite des Raums, sein eigener, österreichischer Projektleiter und seine Ingenieurkollegen, die gegen diese Kooperation kämpfen.
　Die Last, die er trägt, ist ihm anzusehen.
　»Wir arbeiten gegen zwei«, sagt der Mann, mit Spuren von Erschöpfung im Gesicht. »Unser eigenes Team ist gegen uns, weil wir das Projekt wollen. Und als mir das deutsche Team in den Rücken gestellt wurde, hatte ich das Gefühl, mein Rückgrat bricht. Ich fühle mich zwischen den Lagern eingeklemmt, bin total unruhig und kann kaum stehen.«

Er wippt auf und ab und massiert sich mit den Händen den Rücken, so, als ob er damit sein Kreuz entlasten könnte. Den deutschen Projektleiter neben sich empfindet er als »ganz angenehm, aber schwer«.

Das deutsche Team, das ganz dicht hinter den »Projektbefürwortern« steht, ist sich seiner selbst sehr sicher und von der Not der österreichischen Kollegen wenig beeindruckt.

»Wir sind schon ungeduldig und wollen, dass hier endlich etwas weitergeht.« Und dann verächtlich: »Der Zappler vor uns geht uns auf die Nerven.«

Der deutsche Projektleiter kümmert sich ebenfalls nicht um die österreichischen Mitarbeiter, die auf seiner Seite stehen, und bezieht sich nur auf sich selbst.

»Ich bin stark«, meint er selbstbewusst. »Man hat mir das Projekt auf den Bauchnabel gebunden, und wenn ich noch ein paar Arbeitskräfte dazubekomme, dann kann ich handeln. Ich bin optimistisch.«

Auf der deutschen Seite Gleichgültigkeit und fast Verachtung für die »Projektbefürworter«, im eigenen Lager wird Feindschaft vermutet.

»Die bedrohen uns massiv«, sagt der Repräsentant, entmutigt über seine Firmenkollegen, die »Projektgegner«, die die Zusammenarbeit boykottieren. »Die sind wie eine Dampfwalze, die spalten uns komplett von der Abteilung ab.«

Die Eigenwahrnehmung der »Projektgegner« auf der anderen Seite des Raumes sieht etwas anders aus: »Wir fühlen uns von der neuen Arbeitsweise der Deutschen überrollt und möchten das Projekt am liebsten verlassen.«

Der österreichische Projektleiter der Engineering-Abteilung hört den Problemen seiner gespaltenen Mannschaft hilflos zu.

Er kann der Situation kaum Gutes abgewinnen: »Zuerst habe ich mich gefreut, als die Deutschen kamen, aber jetzt ist alles so schwierig geworden. Die Ingenieure, die dafür sind, haben keine Kraft, und die, die sich dagegenstellen, empfinde ich auch als

Bedrohung. Außerdem fehlt mir jede Verbindung zu unserem Entwicklungsteam, mit dem wir doch eigentlich zusammenarbeiten sollen. Und was der Coach, den uns die Deutschen geschickt haben, bei uns will, das weiß ich wirklich nicht.«

Hier kann nichts Konstruktives gebaut werden, das ist schon nach den ersten Sätzen klar.

Aber auch in der Entwicklungsabteilung, die sehr weit weg von der Engineering-Abteilung steht, gibt es genug Probleme.

Der Projektleiter der Entwicklungsabteilung hat zwar seine Mitarbeiter, die »Überzeugten«, die mit der neuen Arbeitsweise einverstanden sind, ganz nah bei sich. Oder besser gesagt, eher an sich kleben. Der Mann, der sie darstellt, kriecht fast in ihn hinein und hat Angst vor seinen Kollegen, den »Loyalen«, die weiter an der gewohnten Arbeitsweise festhalten wollen und damit gegen das Projekt sind.

Aber die haben sich ohnehin schon in Richtung Engineering verabschiedet, wo ihre rebellischen Verbündeten, die »Projektgegner«, zu Hause sind.

»Ich muss hier weg, ich möchte ihm meine Ellbogen in den Rücken rammen, ich kann ihn nicht riechen«, meint aggressiv der Repräsentant, der diese Gruppe darstellt, über seine »überzeugten« Kollegen.

Er bückt sich, als ob man ihn dann nicht sehen könnte, und versucht, sich davonzuschleichen.

Der österreichische Teamleiter des Gesamtprojekts möchte dem Ziel den Rücken stärken und beklagt sich, dass es viel zu weit entfernt steht. Er fühlt sich weggeschickt und bedauert außerdem, dass ihm die Mitarbeiter der Entwicklungsabteilung, die von dem Projekt überzeugt sind, die Sicht auf die Probleme im Engineering-Team verstellen.

Das Projekt selbst, schockiert, dass es zum »Problemfall« geredet wird, bekommt es immer mehr mit der Angst zu tun: »Meine Knie zittern, ich spüre hinter mir einen großen, schwarzen Raum, eine Leere, die großen Druck auf mich ausübt.«

Die Vorstände der beiden Konzerne reagieren ebenfalls heftig auf die missliche Lage ihrer Teams: »Ich bin sehr unruhig, viele meiner Mitarbeiter sind unfähig. Ich möchte am liebsten das Projekt schnappen, meine Mannschaft ergänzen und alleine weitermachen«, sagt der österreichische Vorstand.

Die Vorstandsdirektoren des deutschen Konzerns sind nicht minder ungehalten: »Uns schläft das Gesicht ein, und wenn wir sehen, wie das läuft, werden wir zunehmend wütender, dass diese Kooperation überhaupt zustande gekommen ist.«

Auch der Repräsentant von Markus S. fühlt sich völlig überfordert.

Er schaut vom Rand des Geschehens auf seinen »Fall« und wirkt verzweifelt: »Das schlägt sich auf meinen Magen. Ich spüre einen riesigen Druck auf meinen Schultern und weiß nicht, was ich machen soll. Ich habe das Gefühl, dass ich es hier mit lauter Verrückten zu tun habe! Ich würde das Ganze am liebsten in Stücke zerteilen, mindestens dritteln, die Aufgabe ist mir viel zu groß!«

Das Chaos ist perfekt. Es ist kaum noch durchschaubar, wer hier gegen wen agiert, und in jedem Fall sind fast alle schwer belastet und unzufrieden.

Insa Sparrer nimmt eine erste Umstellung vor und versucht, die Wogen zu glätten, indem sie die Teams zunächst nach ihrer Zugehörigkeit ordnet. Die fünfzig »Projektbefürworter«, die Ingenieure, die sich auf der »deutschen Seite« befunden haben, dürfen in ihre eigene Abteilung zurück.

Sie sind erleichtert: »Jetzt geht es uns viel, viel besser. Wir sind aber noch geschwächt von den vielen Tritten in den Rücken.«

Der deutsche Projektleiter und sein Team werden ein Stück zurückgestellt.

Erleichterung beim österreichischen Projektleiter: »Die Deutschen sind jetzt endlich weg. Ich möchte das Projekt jetzt zu uns herholen.«

Der deutsche Projektleiter ist damit nicht einverstanden: »Ich habe es zwar gemütlich hier mit meinem Team, aber darum geht es ja nicht. Unser Coach soll endlich seine Rolle übernehmen und die Geschichte zu einem guten Ende bringen.«

Das Projekt hört, dass es zum österreichischen Team geholt werden soll, und ist entsetzt: »Bitte, um Gottes willen nicht dorthin. Das wird nie funktionieren.«

Auch in der Entwicklungsabteilung stößt der Versuch, Ordnung in die Teams zu bringen, auf Schwierigkeiten. Die »Überzeugten« werden gebeten, sich links neben ihren Projektleiter zu stellen, und weigern sich. Sie haben Angst vor den »Loyalen« und vor den »Projektgegnern«, sie fühlen sich ausgesetzt und wollen sich lieber wieder hinter dem Rücken ihres Chefs verstecken.

Die »Loyalen« sind nach wir vor nicht interessiert, bei ihrem Projektleiter zu bleiben, und würden sich am liebsten abwenden und gehen.

Hier kann nur noch ein Wunder helfen. Die Fronten sind weiter verhärtet, wenn auch etwas klarer geworden.

Die Repräsentanten werden von Insa Sparrer gebeten, in ihren Rollen zu bleiben und dort, wo sie standen, zu einem so genannten »lösungsgeometrischen Interview« (siehe »Anleitung für Einsteiger«) auf den Stühlen Platz zu nehmen.

»Zunächst mag es eine schwierige Frage an Sie alle sein«, sagt sie mit ruhiger Stimme. »Aber sie könnte hilfreich sein, um die Frage zu beantworten, was hier gelaufen ist und wie eine Lösung aussehen könnte.«

Entspannung tritt ein. Die Frage nach dem Wunder, das in der Nacht geschieht und alles verändert, tut ihre Wirkung. (Siehe am Ende des Buchs »Einladung zum Wunder«.)

Als Erster spricht der österreichische Projektleiter:
Ich könnte, nachdem in der Nacht das Wunder geschehen wäre, mit dem deutschen Projektleiter besser zusammenarbei-

ten, und wir würden konstruktive Gespräche führen. Wir würden Zeitziele vereinbaren und gemeinsam dafür sorgen, dass sie eingehalten werden. Ich hätte das Projekt wie ein Baby in meinem Arm, meine Teams wären viel näher bei mir, und ich hätte zu allen einen guten Kontakt.

Es wäre für mich wichtig, dass die Mitarbeiter aus dem Entwicklungsteam, die loyal zur alten Arbeitsweise sind, sich offen deklarieren. Sie sollten sich mit den Kollegen vom deutschen Team zusammensetzen und alle Fragen klären. Dann könnte ich mich wieder auf sie verlassen, und der Weg wäre frei für neues Vertrauen.

Dann sprechen die anderen:

Die loyalen Mitarbeiter reagieren auf ihren Chef. Sie haben nichts dagegen, sich zu deklarieren. Für sie wäre es ein Wunder, wenn sie, obwohl sie gegen das Projekt sind, in der Firma bleiben könnten.

»Dann könnten wir endlich andere Aufgaben übernehmen«, meinen sie.

Auf Insa Sparrers Frage, ob es Bedingungen gibt, unter denen sie im Projekt bleiben könnten, weiß der Repräsentant sofort eine Antwort: »Ja, wir wollen einen anderen Projektleiter und klare Aufträge und Aufgaben. Die Anleitung hier ist zum Wahnsinnigwerden, dieses Hin- und Herspringen von einer Meinung zur anderen. Für uns gibt es in diesem Projekt nichts mehr zu tun. Wir wollen nur noch raus!«

Die »Überzeugten« haben ihren Kollegen erleichtert zugehört und sind froh, dass sie sich vor ihnen nicht mehr fürchten müssen: »Für uns wäre alles gelöst, und wir hätten endlich mehr Zeit für das Projekt und könnten unser gemeinsames Ziel erreichen.«

Der deutsche Projektleiter ist nicht mehr so von sich eingenommen und zeigt sich nach dem Wunder willig, seine Haltung zu ändern: »Ich kapiere jetzt, dass ich durch meine Art an der Verpestung dieser Kooperation beteiligt war. Ich würde mich sofort mit dem österreichischen Projektleiter zusammensetzen, und wir würden unsere Erfahrungen austauschen und das Projekt gemeinsam umsetzen.«

Das deutsche Team freut sich, dass der österreichische Teamleiter endlich die Verantwortung übernimmt und die Zusammenarbeit jetzt klappt.

Der österreichische Projektleiter des Engineering-Teams zeigt sich ebenfalls zufrieden: »Für mich war es schon sehr hilfreich, als der deutsche Projektleiter nicht mehr von Ratschlägen, sondern von Erfahrungsaustausch sprach. Ich könnte, wenn das Wunder geschehen wäre, die Deutschen endlich sehen, ich hätte Klarheit über das Projekt. Ich würde mich kräftiger fühlen und genau wissen, was ich tun kann. Und vor allem: Sie würden mich endlich sehen. Wir wurden bisher von den Deutschen nicht ernst genommen.«

Der Repräsentant der »Projektbefürworter« in der Engineering-Abteilung ist nach dem Wunder nicht mehr aufzuhalten: »Ich hatte das Gefühl, dass mich ein Scharnier in meinem Rücken drückt. Dieser Druck wäre weg, wenn ich auf das Ziel zugehen könnte. Und es ist mir dann egal, ob ich auf der österreichischen oder auf der deutschen Seite stehe. Denn niemand steht mir mehr im Weg. Und wenn mir jemand im Weg steht, dann walze ich ihn nieder. Ich fühle mich seit dem Wunder wie eine Dampfwalze.«

Insa Sparrer gibt ihm zu bedenken, dass sein Verhalten zur Eskalation des Konflikts führen könnte, und fragt nach, wie denn die Niedergewalzten voraussichtlich reagieren würden.

»Es wäre, wie wenn eine Diesellok auf einen Rammbock fährt, hart!«, antwortet der Repräsentant der »Projektbefürworter« nachdenklich.

Und als Insa Sparrer weiter fragt, ob es denn stattdessen eine andere Möglichkeit gibt, hält sich der Repräsentant bedeckt.

»Ja, ich verlasse einfach das Projekt«, sagt er, »dann bleibt wenigstens mein Rückgrat heil.«

Erst auf weiteres Nachfragen fällt ihm eine zweite Lösung ein: »Ich wechsle einfach die Richtung und umgehe die Schwierigkeiten.«

Der Repräsentant der »Projektgegner« in der Engineering-Abteilung muss sich nach der Wortmeldung der Kollegen erst einmal Luft machen: »Als das Bild von der Dampfwalze kam, haben wir uns völlig überrollt gefühlt. Die haben uns gemeint!« Ansonsten sind sie der Meinung ihres Chefs: »Was wir brauchen, ist mehr Respekt für unsere Arbeit, wir werden ja überhaupt nicht gehört. Die Deutschen würden nach dem Wunder endlich nachfragen, was denn unsere Idee für das Projekt ist. Dann hätten wir das Gefühl, wir könnten alle in eine Richtung laufen.«

Das Projekt, noch etwas zornig, aber schon sehr lebendig, meldet sich: »Sie würden mich nach dem Wunder als Ziel wahrnehmen und nicht mehr als Problem. Ich würde mich endlich nicht mehr langweilen, weil alle nur mit ihrem Hickhack beschäftigt sind. Wenn die nicht bald kapieren, dass sie alle gemeinsam ein Team sind, das sich um mich kümmern soll, dann kann ich genauso gut gehen. Und die, die nicht zum Team gehören wollen, haben bei mir nichts zu suchen. Wenn dann die Zusammenarbeit endlich gut läuft, dann können wir uns darüber unterhalten, wie wir gemeinsam zum Ziel gelangen.«

Das »Ziel« nickt begeistert, und es ist klar, dass die beiden zusammengehören und sich verbündet haben.

Markus S., der bewegt den bisherigen Wortmeldungen zugehört hat, spricht mit großem Respekt, und seine Stimme wird ganz weich: »Für mich waren das lauter Verrückte, und jetzt sehe ich plötzlich die Menschen. Jeden Einzelnen. Ich weiß auch, dass die Probleme gar nicht erst entstanden wären, wenn unsere Leute nicht mit ihrem Wissen so brutal hineingegrätscht wären in die österreichische Firma und denen gesagt hätten, wo's langgeht. In mir gibt es jetzt Hoffnung, dass wir das Ding lösen können. Dass, wenn wir am richtigen Punkt ansetzen, es eine Chance gibt, an unser Ziel zu kommen.«

Die deutschen Vorstände, gelassen und sicher, nehmen wohlwollend zur Kenntnis, dass ihr Projekt sich in eine gute Richtung entwickelt: »Ich fand das richtig gut, als unser Coach zum ersten Mal seine Wertschätzung für die Österreicher geäußert hat. Ich kann das nur begrüßen, denn nach dem Wunder würde mir der österreichische Teamleiter bei uns im Konzern über den Weg laufen, und ich könnte so nebenbei mitkriegen, dass bei den Besprechungen alles gut läuft, ohne dass ich mich weiter darum kümmern müsste.«

Der österreichische Vorstand sieht endlich Land, ist aber noch etwas reserviert: »Für mich wurde der Auftrag viel klarer, wir wussten ja vorher nicht, was wir konkret machen sollen. Ich würde mein Team allerdings noch gern ergänzen. Wir suchen uns aus dem deutschen Team ein paar gute Mitarbeiter aus und lösen damit das Problem. Außerdem stört mich dieser deutsche Coach ...«

Die Teamleiter aus beiden Ländern sehen einander an, nunmehr als Verbündete. Der deutsche nickt ganz leicht mit dem Kopf, als Zeichen, dass sein österreichischer Kollege für sie beide reden soll.

Der österreichische Projektleiter spricht mit neuer, starker Stimme: »Wir wollen von nun an als ein Team zusammenarbeiten und gemeinsam unser Ziel erreichen. Die Vorstände sollen sich nicht mehr einmischen und lieber auf Urlaub gehen.«

Was Markus S. fünf Monate später erzählte

Ich kam von der Aufstellung zurück und war zunächst noch in einem anderen Projekt als »Feuerwehr« beschäftigt. Parallel dazu telefonierte ich schon mit einigen österreichischen Trainer-Kollegen, weil mir klar war, dass es hier »Einheimische« braucht, um das Problem zu lösen.

Und dann geschah etwas, was ich tatsächlich nur als Wunder bezeichnen kann. Unser deutscher Teamleiter rief mich nach ungefähr drei Wochen aus Österreich an und teilte mir mit, dass er meine Intervention nicht mehr braucht. Dass sich erstaunlicherweise eine Zusammenarbeit aller Teams entwickelt hat, die ihn selbst verblüfft. Die Widerstände haben sich aufgelöst, alle ziehen jetzt mit. Die Erkenntnis, dass der vorgegebene Termin nur noch mit einer perfekten Kooperation eingehalten werden kann, hat sich durchgesetzt. Die Maschine wird termingerecht auf den Markt kommen.

Das Ding läuft. Und zwar ohne Hilfe von außen, mit den eigenen Energien der Leute.

Ich habe einmal gehört, dass Aufstellungen auch dann wirken, wenn keiner von den Beteiligten dabei war. Ich habe das bisher nie geglaubt.

Systemisches Wissen

In dieser Geschichte wird eine Zusammenarbeit zwischen zwei Firmen vereinbart, ohne dass sich das Management ausreichend Gedanken über das Aufeinanderprallen von verschiedenen Kulturen und Zugangsweisen macht. Die Teams wurden aufeinander losgelassen und hatten keine Chance, einander vorher kennen zu lernen und damit auch die jeweilige Arbeitsweise schätzen zu lernen.

Ärger, Abwertung und gegenseitige Verletzungen sind die Folge davon. Die Fronten werden von den Projektbefürwortern durchbrochen, die einerseits als Verräter am alten System dastehen, andererseits im »Feindesland« auch nicht geschätzt werden. Sie sind am meisten belastet und klagen über die vielen »Tritte in den Rücken«.

Außerdem werden die Leistungen der österreichischen Teammitglieder von den deutschen Teammitgliedern abgewertet. Sie sind in dieser Geschichte »Besserwisser« und stoßen damit bei den österreichischen Teammitgliedern auf Widerstand.

Hier hilft wirklich nur noch ein Wunder, denn »das Ding« wurde tatsächlich »an die Wand gefahren«, wie Markus S., der als »Feuerwehr« eingesetzt wurde, es nennt.

Die Repräsentanten der Teammitglieder werden zu einem »lösungsgeometrischen Interview« eingeladen und berichten unter dem Gesichtspunkt des Wunders, das die Vorstellung erlaubt, dass alle Probleme gelöst sind, über neue Handlungsalternativen.

Dabei tauchen bei den Beteiligten Ideen für eine gelingende Zusammenarbeit und Kooperation auf, die selbst auf die nicht anwesenden »echten« Teammitglieder so stark wirken, dass eine Beratung nicht mehr notwendig ist. Auf der neuen Grundlage gelingt es, Leistungen und Fähigkeiten, die bisher nicht angemessen gewürdigt werden konnten, anzuerkennen. Ein solcher Schritt ist für ein aufgabenorientiertes System, wie eine Firma, stets von besonderer Wichtigkeit.

Gehen wir von der Metapher aus, dass wir alle Einzelindividuen sind, so ist die Wirkung einer Aufstellung auf die Abwesenden vollkommen unverständlich. Gehen wir jedoch von dem Bild aus, dass wir alle verbunden sind, so ist zu erwarten, dass Lösungen in Aufstellungen auch im dazugehörigen System wirksam werden. Wenn wir alle verbunden sind, würde eher die Frage auftauchen: »Wie kommt es, dass wir etwas nicht wissen?«

Die Metapher der Trennung und die Metapher der Verbindung haben unterschiedliche Wirkungen und erschließen unterschiedliche Ressourcen. Es geht nicht darum, die eine durch die andere zu ersetzen.

Aufstellungen sind eine starke Aufforderung, die Vorstellung der Getrenntheit von Individuen durch die Vorstellung einer natürlichen Verbindung zu ergänzen.

Der Großvater, das Ritual und die Zigarette

Wir sitzen in der warmen Novembersonne an einem Tisch mit Blick aufs Meer. Der Vormittag im Seminar ist gut gelaufen, die gegrillten Calamari waren wie immer köstlich. Piran zeigt sich von seiner besten Seite, und Katharina sagt mit einem glücklichen Seufzer: »Und jetzt noch einen Kaffee … Früher hätte ich dazu eine Zigarette geraucht, aber ich habe es mir nach einer Aufstellung bei Matthias Varga von Kibéd abgewöhnt.«

Als ich sie bitte, mir die Geschichte zu erzählen, antwortet sie: »Nur wenn du genug Zeit hast, es ist eine lange Geschichte!«

Katharinas Geschichte

Ich habe schon mit sechs Jahren das Rauchen »gesucht«, es war für mich sehr anziehend. Während ich mit meinen Puppen spielte, habe ich mir zwischendurch heimlich eine Zigarette angezündet, die ich in der Lade im Bauerntisch gestohlen hatte. Für mein Kinderherz war Rauchen ein Ritual, mit dem ich alles verband, was für mich schön war. Wärme, Geborgenheit, Genuss, Gesellschaft …

Mein Großvater war Bergbauer auf einem wunderschönen alten Hof in Tirol, wie es sie heute kaum noch gibt. Am Sonntagabend, das war Tradition, hat er seinen fünf Töchtern je eine Zigarette aufs Kopfkissen gelegt. Sie saßen dann feierlich im Bett und haben diese eine Zigarette geraucht – nicht mehr. Im Winter, wenn es kalt war – die Schlafkammern waren nicht geheizt –, sah man den Atem, der sich mit dem Rauch verband, und in der Früh hing der Rauch noch in dem klammen Bettzeug.

Meine Mutter heiratete wieder auf einen Hof. Aber mein Vater war streng, und Rauchen war für ihn Charakterlosigkeit, Schwäche, absolutes Tabu. Also gab sie ihr Sonntagsritual nach kurzer Zeit auf und verlegte es heimlich auf Mittwoch.

Von nun an kam jeden Mittwoch ihre Schwester Frieda zu Besuch. Die Mutter deckte den Tisch, kochte Bohnenkaffee – damals eine Kostbarkeit – und ging ins Dorf und kaufte frische Semmeln, die es sonst bei uns nie gab.

Dann kam die Tante, und wir sieben Kinder saßen rund um den großen Tisch und beobachteten die beiden Frauen. Wehe, wenn jemand sprach! Der wurde sofort gemaßregelt und – wenn das nichts half – hinausgeworfen. Wir waren als brave Kinder geduldet, und jedes Hüsteln musste unterdrückt werden. Es war wie in einem Theaterstück, und wir genossen jede Sekunde.

Mein Vater war Nebenerwerbsbauer und verdiente sich sein Geld als Holzknecht. Er war nur am Wochenende zu Hause, und uns Kindern war klar, dass wir das Geheimnis der Mutter solidarisch hüteten.

Zuerst tranken die beiden Frauen genüsslich Kaffee, aßen die kostbaren weißen Semmeln und sprachen über dieses und jenes. Erst ganz zum Schluss öffnete meine Mutter die Schublade und nahm für jede zwei Zigaretten heraus. Ich weiß nicht, warum sie zwei und nicht nur eine rauchten, vielleicht aus Protest gegen meinen Vater.

Dann rauchten die Mutter und die Tante mit einem Genuss, an den ich mich mein Leben lang erinnern werde.

Als Kinder haben wir am liebsten »Tante Frieda kommt zu Besuch« gespielt. Da deckten wir mit unserem Puppengeschirr den Tisch und trugen alle Köstlichkeiten zusammen, die wir finden konnten.

In den großen Ferien, wenn die Sommergäste in unseren Betten und wir im Keller schliefen, wurde Mutter oft von den Sommergästen zum Mitrauchen aufgefordert. Dann saß sie bei den Gästen und lachte und erzählte Geschichten. Für mich war sie mit ihrer Zigarette in der Hand ein Symbol für Geselligkeit und Lebenslust. Außerdem war ich stolz darauf, dass sie so modern war. Sie war die einzige Mutter in unserem Dorf, die rauchte.

Dann wurde ich Krankenschwester, und plötzlich war das mit dem Rauchen etwas ganz anderes. Es wurde zum Problem. Ich sah, wie die Patienten nach Operationen husteten und dabei ihre Nähte so schmerzten, dass ich in diesen Momenten eine richtige Wut auf diese Sucht entwickelte. Und obwohl der Krebs die Lungen schon zerfressen hatte, war für manche Patienten der Glimmstängel noch immer das Einzige, was sie wollten. Ich verurteilte ihr Verhalten, es tat mir in der Seele weh. Und gleichzeitig wusste ich, dass meine Aggression und meine Verurteilung absurd waren.

Ich war ja selbst süchtig nach Zigaretten, fühlte mich schwach, disziplinlos und versteckte diese Wahrheit vor mir selber. Wenn ich mich nach dem Gefühl aus meiner Kindheit sehnte, und das war oft, dann rauchte ich. Aber ich sah mich nicht als Raucherin, deshalb rauchte ich meistens heimlich, mit mir allein. Ich wollte nicht dabei erwischt werden. Anschließend putzte ich mir sofort die Zähne und cremte meine Hände mit einer parfümierten Lotion ein, damit mich mein Geruch nicht verraten konnte. Dann schämte ich mich und rauchte eine Weile lang gar nicht – bis meine Sehnsucht wieder übermächtig wurde.

Es war fast ein Gesetz, dass ich mir immer dachte: So, das ist jetzt die letzte Zigarette – um mir dann sofort die nächste aus der Packung herauszunehmen. An manchen lauen Abenden waren es bis zu fünfzehn hintereinander. So ging das fünfundzwanzig Jahre lang. Der Druck wurde immer größer, und ich dachte inzwischen, dass Sucht mein Lebensthema ist.

Dann hatte ich die Chance zu einer Aufstellung.

Ich erzählte wenig und nannte nur ganz knapp meinen Wunsch, mir den Gegensatz zwischen Rauchen und Nichtrauchen anzusehen. Im Vorgespräch mit Matthias Varga kam ich darauf, dass ich dieses wunderbare Gefühl, das ich mit dem Rauchen verband, behalten wollte. Aber ich wollte es spüren und abrufbar haben, ohne dabei rauchen zu müssen.

Die Details sind in meiner Erinnerung versunken, ich weiß nur noch, dass Matthias Varga ein »Tetralemma« (siehe »Anleitung für Einsteiger«) als Aufstellungsform wählte. Ich kann mich aber noch an die Teile der Aufstellung erinnern. Das waren:

- Das Eine – das gute Gefühl und das Rauchen
- Das Andere – das gute Gefühl, ohne zu rauchen
- Keines von Beidem

Und dann gab es noch eine Figur, das so genannte »freie Element« (siehe »Anleitung für Einsteiger«), und mit ihm wurde mir plötzlich klar, worum es wirklich ging.

Meine Repräsentantin ging zwischen den Positionen »Das Eine« und »Das Andere« immer wieder hin und her, und ich spürte mit ihr die Verbindung zu meinem Großvater und zu der starken Kraft, die aus meiner Familie kommt. Ich habe es immer geschätzt, dass ich aus einer Bergbauernfamilie stamme, aber an diesem Tag spürte ich zum ersten Mal eine tiefe Dankbarkeit für meine starken Wurzeln.

Ich konnte genießen, dass auch »Das Andere« möglich ist, dass ich diese Kraft und das gute Gefühl auch zur Verfügung habe, ohne den Zug an der Zigarette als Erinnerung zu brauchen.

Aber da war noch etwas. Und es war wichtiger als alles andere. Die Frau in dem weißen Kleid, die eigentlich mein »freies Element« sein sollte und sich frei im Raum bewegen durfte, stand einfach still da und sah zum Fenster hinaus.

»Sie ist ein Engel«, sagte es in mir. Aber ich wagte nicht, es auszusprechen. Plötzlich kam eine unendliche Trauer in mir hoch. Sie war überwältigend, tief und völlig überraschend.

In diesem Augenblick fing auch meine Repräsentantin zu weinen an.

»Gibt es in deiner Familie ein Ereignis, das sehr schmerzhaft war?«, fragte Matthias.

»Nein«, sagte ich, um dann doch innezuhalten.

Und plötzlich war Michael da!

Er ist mein jüngerer Bruder. Er kam zwölf Monate nach mir zur Welt und starb nach zwei Tagen. Es wurde nicht viel darüber geredet. Dafür gibt es auf einem Bauernhof mit vielen Kindern und viel Arbeit keine Zeit. Meine Mutter sagte nur: »Er ist jetzt unser Schutzengerl.« Und so habe ich ihn mir dann vorgestellt.

Und dann standen wir uns in der Aufstellung gegenüber, mein jüngerer Bruder und ich, und in mir suchten all die ungeweinten Tränen einen Weg, all die ungelebte Trauer erfüllte meinen Körper.

»Durch das Rauchen konnte ich mich mit meiner Trauer für dich verbinden«, sprach ich den Satz nach, den Matthias Varga mir vorschlug, und plötzlich war, neben dem Gefühl von Lebenslust und Freude, der Schmerz gleichwertig da. Und mit ihm entstand ein Gleichgewicht, das stimmig war.

Ich war mir sicher, dass ich jetzt sofort und auf der Stelle zu rauchen aufhören würde, und war über einen der nächsten Sätze erstaunt, den Matthias Varga mir vorsprach: »Und zur rechten Zeit werde ich mit dem Rauchen aufhören.«

Die nächsten fünf Monate waren eine einzige Enttäuschung. Ich rauchte nicht – ich fraß die Zigaretten in mich hinein. Am liebsten hätte ich gleichzeitig in jeder Hand zwei gehabt.

Eines Tages holte ich aus dem Bücherschrank ein Buch, das ich längst gelesen hatte, einen der Ratgeber, in denen versprochen wird, dass sie uns von der Sucht heilen. Ich fing an zu lesen, und plötzlich kamen die Bilder aus der Aufstellung zurück. Es war, als ob mein Körper, mein Geist und meine Seele erst jetzt vollständig bereit waren, einen neuen Lösungsweg zu finden. Als ich das Buch fertig gelesen hatte, wusste ich, dass jetzt der Zeitpunkt gekommen war, mich von dieser Sucht zu verabschieden.

Inzwischen sind wieder fünf Monate vergangen. Und ich spüre ein ziehendes Gefühl, wenn ich daheim bin und meine Mutter die Schublade öffnet, um mit meiner Schwester gemeinsam eine zu rauchen.

Wenn diese Minuten der Versuchung vorbei sind, dann atme ich durch und bin stolz und dankbar für meine neue Freiheit.

Systemisches Wissen

Symptome können auf Vergessenes und Ausgeschlossenes hinweisen. In dieser Geschichte findet ein überraschender Wechsel vom beruflichen zum privaten Kontext statt. Das von der Klientin im Berufskontext als unpassend erlebte Symptom kann in der Aufstellung als Hinweis auf die nicht völlig bewältigte Trauer um den verstorbenen Bruder verstanden werden.

In einem Familiensystem gehören alle, die in diese Familie hineingeboren wurden, dazu. Auch Tote verlieren ihre Zugehörigkeit nicht. Wenn jemand im System ausgeschlossen wird, in dem er etwa nicht mehr erwähnt wird, dann fehlt diese Person oder dieses Element gewissermaßen dem Ganzen und kann durch ein Symptom ersetzt werden.

Das Symptom kann dann als Symbol der Erinnerung an das Vergessene oder Ausgeschlossene aufgefasst werden. Daher können solche Symptome nach einer anderen neuen Form der Einbeziehung des Ausgeschlossenen, manchmal nach einer Abschiedsperiode, verschwinden.

Nachdem die Trauer gelebt werden konnte und der Bruder, zu dem die Verbindung unterbrochen war, einen angemessenen Platz bekam, war das Rauchen als Ersatz für die Verbindung nicht mehr notwendig.

Schule in Not

Kinder, die in Gefahr sind, ihre Schule zu verlieren, Eltern, die seit zwei Jahren für den Fortbestand der Schule kämpfen, eine Direktorin, die dieses Gymnasium mitbegründet hat und nicht mehr weiß, wer ihre Freunde und wer ihre Feinde sind ... Das ist die Vorgeschichte zu der Aufstellung, für die sich in einer norddeutschen Kleinstadt Betroffene und Repräsentanten in einem Gemeindesaal zusammengefunden haben. Die Stimmung ist nervös.

»Es geht um alles«, sagt die Vorsitzende der Elternplattform, die den Abend organisiert hat.

Und die Direktorin, die erschöpft und in letzter Sekunde von einer Krisensitzung kommt, pflichtet ihr bei.

»Ich bin seit fünf Jahren Direktorin dieser Schule, die etwas ganz Besonderes ist. Wir sind die Einzigen hier im Umfeld, die das Abitur mit einer praktischen Ausbildung, einer Lehre, verknüpfen. Die Schule gehört der evangelischen Kirche. Damals, vor der Gründung, gab es einen Beschluss der Synode, das ist so etwas wie das Kirchenparlament, dieses einzigartige Schulmodell zu entwickeln. Jetzt stehen wir an einem Punkt, wo wir nicht wissen, wie es weitergehen soll. Wir kämpfen seit zwei Jahren um ein neues Gebäude, weil wir dort, wo wir jetzt sind, in drei Jahren ausziehen müssen.«

An dieser Stelle schweigt Claudia A. für einen Moment und sieht die Vorsitzende der Elternplattform an. Es wird sofort klar, dass die beiden ein Team sind, das sich gut ergänzt.

»Ich bin Professorin an der juristischen Fakultät«, spricht Rebecca G. nun weiter, »und habe diese Elternplattform vor zwei Jahren gegründet. Vor drei Tagen haben wir einen Beschluss der Kirche bekommen, dass unser Schulneubau nicht bewilligt wird. Das wäre das Ende für unsere Schule, weil wir den Platz dringend für die Werkstätten brauchen. Wir würden gerne Klarheit darüber haben, was hier läuft und was wir tun können, um diese verfahrene Situation zu retten.«

Es sind viele, die in der nächsten halben Stunde auf ein großes Plakat, das an der Wand des Gemeindesaals hängt, als Repräsentanten aufgeschrieben stehen.

Die Aufstellung für Claudia A. und Rebecca G.

- Die Direktorin, Claudia A.
- Die Vorsitzende der Elternplattform, Rebecca G.
- Die Elternplattform
- Die Kinder
- Das Projekt, der Schulneubau
- Die Vertreter der evangelischen Kirche:
  Der Bischof
  Der Präsident der Synode
  Der Oberkirchenrat 1
  Der Oberkirchenrat 2
- Die Schulbehörde
- Die drei Ministerien
- Die Gemeinde
- Die Wirtschaft

Später ergänzt:

- Die Kraftquelle der Direktorin
- Die Werkstätten und all das, was diese Schule zu etwas Besonderem macht

Bilder in den Raum gestellt

Zunächst sind sie nur zu dritt. Die Direktorin, die Vorsitzende der Elternplattform und die Eltern. Sie sind als Verbündete angetreten, sie ziehen an einem Strang. Jedenfalls theoretisch. Die Praxis sieht anders aus. Es scheint keine stärkende Verbindung zwischen den Frauen zu geben.

»Als ich noch allein hier stand, habe ich mich wohl gefühlt, ich hatte alle Freiheiten«, sagt die Direktorin. »Aber seit die anderen da sind, fühle ich mich blockiert, und die Elternplattform versperrt mir den Weg.«

Auch die Vorsitzende der Elternplattform ist unzufrieden: »Die Eltern sind mir fremd, ich sehe sie gar nicht. Warum müssen sie so nahe bei mir stehen?«

Die Eltern stehen steif, wie erstarrt, da und haben überhaupt Mühe zu sprechen.

»Ich bin total blockiert«, sagt die Frau, die sie darstellt. »Ich bin so schwer, so unbeweglich.«

Ein Satz aus dem Vorgespräch gewinnt an Bedeutung: »Wir sind eine Two-Women-Show«, hatte die Vorsitzende gesagt. »Die Eltern sind wenig eingebunden, die meisten wollten bisher keine aktive Rolle übernehmen.«

Die Kinder werden ins Bild geführt, dürfen aber am Rand sitzen bleiben. Sie werden gebeten, einfach zuzusehen, denn dieses Problem müssen die Erwachsenen lösen.

Jetzt kommt das Projekt. Es trägt einen edlen Prospekt vor sich her, auf dem der geplante Schulneubau zu sehen ist. Der

Mann, der es darstellt, ist der Vater eines der Kinder, die diese Schule besuchen. Er hat sich die Abbildung des geplanten Projekts zur Unterstützung für seine Rolle aus seiner Aktentasche geholt. Weit weg, am anderen Ende des Raums, steht er jetzt völlig allein.

Er sagt enttäuscht: »Ich bin viel zu weit weg, ich gehöre gar nicht dazu.«

Die Repräsentantin der Direktorin ist entsetzt und sieht das Projekt aus der Entfernung traurig an: »Der Platz ist völlig falsch, das Projekt sollte doch im Mittelpunkt stehen!«

Die Vorsitzende der Elternplattform stimmt ihr zu und beschwert sich außerdem, dass die Kinder viel zu brav sind: »Das macht mir Sorgen, das soll nicht sein.«

Dann kommen die Vertreter der evangelischen Kirche. Und noch während sie aufgestellt werden, reagieren die Direktorin, die Vorsitzende und die Elternplattform mit empörtem Schnaufen und abwehrenden Gesten.

Jetzt ist der Kampfplatz bereit. Zwei Gruppen, jede in sich abgeschlossen, stehen einander gegenüber und haben doch keinen Blickkontakt.

Auch die Kirchenmänner leiden an internen Schwierigkeiten. Der Bischof wirft seinen Untergebenen vor, dass sie sich profilieren wollen, und ist nur am Rand an der Geschichte interessiert.

Der Oberkirchenrat 1 fühlt sich vom Präsidenten der Synode manipuliert und beschwert sich darüber, dass der Bischof so tut, als habe er mit dem Ganzen nichts zu tun. Der Oberkirchenrat 2 will sich überhaupt nicht engagieren und wird von seinem Kollegen aufgefordert, sich endlich mehr einzusetzen.

Jetzt hält der Präsident eine kleine Rede: »Ich bin in einer seltsamen Situation. Ich umkreise und beobachte die anderen wie eine diebische Elster. Ich fühle mich machtvoll und habe eine Abwehrhaltung aufgebaut. Aber gleichzeitig gibt es eine gewisse Verbundenheit mit der Schule.« Er wendet seinen Blick zum ersten Mal den drei Frauen zu. »Es interessiert mich, wie sich die Direktorin, die Vorsitzende und die Eltern fühlen.«

Die Repräsentantin der Direktorin hört gebannt zu und meint dann verzagt: »Die Vertreter der Kirche schlagen mir aufs Herz.«

Die Kinder werden unruhig und haben schwere Hände, die Eltern bekommen Angst.

Nur die Vorsitzende der Elternplattform meint spöttisch: »Ich finde sie amüsant. Aber die können sagen, was sie wollen, das interessiert mich nicht.«

Das Projekt zeigt sich enttäuscht von seinen Gründern: »Noch jemand, der sich nicht für mich interessiert. Es geht doch eigentlich um mich.«

Jetzt wird die Situation noch komplexer, denn nun kommen die restlichen Darsteller ins Bild und werden alle in der Nähe des Projekts wie auf einer Perlenschnur aufgereiht.

Nur die Schulbehörde steht dem Schulneubau direkt gegenüber und ist frustriert: »Zunächst war ich positiv gestimmt, aber aus diesem Chaos hier kann nichts Vernünftiges werden.«

Auch die drei Ministerien beschweren sich, dass es keine Harmonie zwischen der Direktion und dem Projekt gibt, sie verlangen eine bessere Kommunikation und wollen, dass das Projekt in den Vordergrund rückt.

Die Gemeinde hält einen aggressiven Vortrag: »Was soll daran Neues sein, wo ist die Innovation, das hat doch alles keinen Pep. Wir haben schon genug Schulen, und außerdem geht es hier offensichtlich nicht um die Kinder. Ich unterstütze dieses Projekt nicht!«

Die Wirtschaft, die ein Stück seitlich steht und Abstand hält, ist froh darüber: »An diesem Projekt kann man sich nur die Finger verbrennen, da gibt es zu viele Eigeninteressen. Und außerdem: Solange die Geschichte mit der Kirche nicht geregelt ist, gibt es von uns sowieso kein Geld.«

Die Kirche kontert sofort.

»Unsere Verbindung zum Projekt ist leider schlecht, und die Ministerien sollen sich nicht einmischen, sie sind kein guter Schiedsrichter«, sagt der Präsident.

Und der Oberkirchenrat 1 meint traurig: »Ich habe an das Projekt geglaubt, und jetzt steht der Stadtschulrat dazwischen, da lässt das Bemühen sofort nach. Wir brauchen eine andere Kommunikation.«

Die Direktorin, die sich mit den Händen den Rücken massiert, als ob sie Schmerzen hätte, meldet sich zu Wort.

Sie zeigt hinter sich: »Jetzt erst erkenne ich meine Position: Keiner deckt mir den Rücken, ich bin allein auf weiter Flur. Diese Belastung ist zu groß für mich.«

Das Chaos ist perfekt. Drei Gruppen, kein Konsens, die Kinder und das Projekt sind die Leidtragenden in dieser verfahrenen Geschichte.

»Das Ganze ist eine heiß-kalte Dusche. Die Ministerien kommen auf mich zu, gehen aber an mir vorbei. Zuerst habe ich mich auf den Stadtschulrat gefreut, jetzt blockiert er mich«, stöhnt der Mann, der den geplanten Schulneubau darstellt.

Und die zarte Frau, die als Kinder aufgestellt wurde, meint: »Für mich wird es immer enger, ich bekomme keine Luft mehr.«

Claudia A. und Rebecca G. sitzen gebannt auf dem einzigen Sofa im Gemeindesaal, flüstern manchmal leise miteinander und als sie gefragt werden, ob ihnen etwas an diesem Bild vertraut ist, nicken beide: »Ja, das stimmt, genau so ist die Situation im Augenblick«, meint die Direktorin.

Und die Vorsitzende der Elternplattform sagt nur knapp: »Absolut griffig.«

Hier fehlt die Klarheit. In allen Bereichen. Zunächst in der Schule. Die Repräsentantin der Vorsitzenden der Elternplattform wird nun dazu angeleitet, sich den Eltern zuzuwenden.

Sie sagt: »Wir alle sind Eltern und engagieren uns gemeinsam für die Schule unserer Kinder.«

Die Eltern, die vorher zwar nahe, aber leicht abgewandt standen, sehen jetzt direkt zur Vorsitzenden und sind erleichtert: »Jetzt sehen wir dich und können endlich handeln.«

»Ich möchte eine Ergänzung machen«, sagt die Vorsitzende der Elternplattform: »Ich sehe mich nicht mehr als Vorsitzende, ich bin die Stimme der Eltern.«

Die Eltern sind begeistert: »Ja, das klingt gut, das ist viel besser.«

Jetzt treten die Eltern mit der Direktorin in Kontakt, die sich dadurch etwas besser fühlt.

Aber noch immer sehr belastet, sagt sie: »Es ist mir einfach zu viel, ich brauche mehr Kraft.«

Eine Kraftquelle wird ernannt und in ihren Rücken gestellt.

Sie atmet auf: »Das ist gut, jetzt kann ich weitermachen.«

Als Nächstes klären die Mitglieder der Kirche ihre Kompetenzprobleme. Der Präsident und der Oberkirchenrat 1 erinnern sich mithilfe der Direktorin, dass sie Gründungsmitglieder dieser Schule sind, und wollen sich von nun an gemeinsam einsetzen.

Der Bischof wird als Höchster in der Hierarchie anerkannt und verzichtet gerne darauf, sich hier einzumischen. Und der Oberkirchenrat 2 ist froh, dass er sich aus diesem Projekt zurückziehen darf.

Die drei Frauen würdigen jetzt die Gründer des Projekts und anerkennen ihre Wichtigkeit.

Das Projekt, das bisher finster am Rand stand, fängt an sich zu entspannen und legt plötzlich die Broschüre des Schulneubaus weg: »Darum geht es eigentlich gar nicht wirklich. Das ist mir viel zu wenig.«

Daraufhin wird ihm ein neuer Repräsentant zur Seite gestellt: »Die Werkstätten und all das, was diese Schule zu etwas Besonderem macht«.

Es ist wie ein »Sesam, öffne dich«. Plötzlich wenden sich alle dem Projekt zu, das mit den Werkstätten an der Hand ein

Stück näher kommt. Die Werkstätten sind glücklich und wollen die Kinder neben sich haben.

»Das ist es, worum es geht«, meint das Projekt zufrieden, als jetzt auch noch die Kinder an seiner Seite stehen. »Ich bin viel mehr als ein Schulneubau.«

Die Vertreter der Kirche sind begeistert.

Und der Oberkirchenrat 1 meint zum Präsidenten: »Ich fühle mich dem Projekt jetzt sehr verpflichtet. Du und ich, wir sind die Gründer.«

»Ja«, antwortet der, »und ich bin jetzt stark motiviert.«

Die drei Ministerien, der Stadtschulrat und die Gemeinde haben sich inzwischen dem Projekt mit einem angenehmen Abstand ebenfalls zugewandt. Sie sind sich einig, dass sie es so, wie es sich jetzt präsentiert, gerne unterstützen werden. Und selbst die Wirtschaft gibt ihre reservierte Haltung auf und will sich als Nächstes mit der Kirche unterhalten.

Die Direktorin und ihre Helferinnen sind erleichtert und stehen strahlend vor ihrem Projekt, das ihnen noch einen Ratschlag mit auf den Weg gibt: »Werbt nicht mit dem Schulgebäude, werbt mit dem Besonderen an mir.«

Und es legt begeistert seine Arme um die Werkstätten und um die Kinder.

Was die Direktorin, Claudia A., zwei Tage später erzählte

Aus der Aufstellung wurde mir sehr klar, dass wir mit dem Widerstand gegen die Kirche nicht weiterkommen. Wir müssen mit ihnen reden. Es war auch hilfreich zu sehen, mit wem wir reden müssen. Das hat mich überrascht, obwohl es, nachträglich betrachtet, eigentlich logisch ist. Denn der Präsident und der Oberkirchenrat 1 waren in dem Ausschuss, der damals bei der Gründung der Schule gebildet wurde.

Ich habe auch gesehen, wie sehr ich schon blockiert war und dass ich mir gedacht habe, ich mache überhaupt nichts mehr, es hat keinen Sinn. Nach der Aufstellung habe ich wieder einen Weg gesehen und habe gewusst, dass ich auch die Kraft habe, ihn zu gehen. Gut war auch, dass ich verstanden habe, dass wir die Kinder nicht in unser Problem involvieren dürfen. Sie waren fast in Vergessenheit geraten, sie sind hier die Wichtigsten.

Die Botschaft, die ich verstanden habe, heißt: Konzentriert euch auf das Wesentliche im Schulbereich, auf die Qualität, auf die Kinder und nicht nur auf das Gebäude. Wir haben uns zu sehr auf den Nebenschauplätzen aufgehalten. Wir hatten Angst, ohne Gebäude dazustehen, das hat zu viel Raum eingenommen und uns zu viel Energie gekostet. Hier geht es nicht nur um die äußere Form, sondern um das eigentliche Motiv bei unserem Projekt.

Was Rebecca G., die Vorsitzende der Elternplattform, zwei Tage später erzählte

Am meisten fasziniert haben mich zwei Dinge: Ich habe schon vor der Aufstellung gewusst, dass es etwas gibt, was wir falsch einschätzen. Mein Ansatz war, dass wir irgendwo völlig danebenliegen. Jetzt ist alles klar. Ich habe mich in der evangelischen Kirche geirrt. Die, die hinter uns stehen, sind ganz andere, als ich dachte.

Wenn ich die Ereignisse der letzen vierzehn Tage unter diesem Aspekt betrachte, dann macht das alles plötzlich einen Sinn. Also habe ich gestern den Oberkirchenrat 1 angerufen, von dem ich dachte, dass er einer unserer Hauptfeinde ist. Ich bin noch immer völlig verblüfft von unserem Gespräch.

Er hat mir gesagt, dass er total hinter dem Werkschulheim steht und dass er weiß, dass viele Schulen zusperren müssen, weil sie nichts Besonderes zu bieten haben. Ich dachte, dass er der ärgste Bremser ist. Ich verstehe es nicht, aber ich finde es wunderbar!

Mir wurde klar, dass ich die Elternplattform viel besser einbinden muss, dass ich sie bisher viel zu wenig um Unterstützung gebeten habe.

Mir ist auch klar geworden, dass wir das Projekt ganz anders promoten müssen, wir müssen die Werkstätten und die Kinder an die erste Stelle rücken. Es war so irrsinnig viel zu tun, wir mussten das Gebäude planen, und nur darum haben wir gekämpft, sodass die Gesamtidee dabei zu kurz gekommen ist. Aus Zeitnot und aus mangelnder Hilfestellung von außen. Das muss sich ändern.

Wir haben uns auch nie aktiv um die Gründer gekümmert, das war uns nicht wichtig. Wir haben uns diese Frage gar nicht gestellt und haben nur auf die Ablehnung der Kirche reagiert. Das war ein Fehler. Wir werden die Vertreter der Kirche von nun an mehr einbeziehen.

Systemisches Wissen

Manchmal gerät, wenn wir um etwas kämpfen, der eigentliche Anlass des Kampfes zu sehr in den Hintergrund. In diesem Fall das, was die Schule zu etwas Besonderem macht, nämlich die Möglichkeit, in den hauseigenen Werkstätten ein Handwerk zu erlernen.

Systemische Methoden bringen Ausgeschlossenes und Vergessenes, wenn es als Ressource wichtig wird, ans Licht und zeigen, so wie hier der Direktorin und den Eltern, Handlungsalternativen. Die neu gewonnene Sicht bringt wieder neue Motivation und Begeisterung.

In der Aufstellung wird zunächst klar, dass die Direktorin, die Leiterin der Elternplattform und die Eltern selbst nicht gut vernetzt sind. Vor allem die Einbeziehung der Eltern bringt Erleichterung. Zum anderen wurde für die Direktorin sichtbar, dass sie aufgrund der Überlastung innerlich schon fast gekündigt hatte.

Die Tatsache, dass die VertreterInnen der Schule sich nicht ausreichend darüber im Klaren waren, dass die Gründer eines Projekts unbedingt geachtet und einbezogen werden sollten, führte zu einer Fehleinschätzung, wer die Verbündeten in der Kirche sein könnten.

Die Würdigung und Einbeziehung des Präsidenten der Synode und des Oberkirchenrates 1 veränderte deren Haltung und ließ sie zu wichtigen Ressourcen werden.

Die Aufstellung wurde von Renate Daimler geleitet.

Die neue Büroorganisation

Das Taxi fährt mich durch München zu einem Vorort, in dem jeder Quadratmeter kostbar ist. Alte behäbige Villen, gediegen restauriert, Gärten, denen man die sorgsame Pflege ansieht. Das Firmenschild ist unauffällig und elegant, der Summton, mit dem sich das Tor öffnet, dezent und angenehm.

»Unser Büro platzt aus allen Nähten, aber wir wollen diese Villenetage nicht aufgeben, wir sind seit fünfundzwanzig Jahren hier«, erklärt Georg und führt mich durch ein großzügig gestaltetes Foyer, in dem mir die Dame am Empfang sofort den Mantel abnimmt und mir Kaffee anbietet.

Damals, als ich Georg und einige andere aus dem Team der großen Werbeagentur kennen lernte, waren sie intensiv damit beschäftigt, neue Wege für ihre Büroorganisation zu finden. Heute werden sie mir von der Aufstellung erzählen, die Insa Sparrer und Matthias Varga von Kibéd zur Klärung ihres Anliegens für sie gemacht haben.

Einen ganzen Tag lang werde ich Gelegenheit haben, mit jedem der fünf Gesellschafter, die an dem Seminar für Organisationsstruktur-Aufstellungen teilgenommen haben, einzeln zu sprechen.

Es interessiert mich sehr zu hören, wie über ein und dieselbe Aufstellung aus verschiedenen Perspektiven berichtet wird, zumal es sich um eine »teaminterne Aufstellung« handelte. Das bedeutet, dass die fünf Firmenangehörigen nicht von »fremden« Repräsentanten darstellt wurden, sondern jede und jeder aus dem Team mehrere Rollen selbst übernommen hat.

Über die einzelnen Teile der Aufstellung herrscht bei meinen Interviewpartnern noch Einigkeit, dann aber trennen sich Gedanken, Gefühle und Wahrnehmungen, und jede und jeder spricht aus eigener Sicht.

Die Aufstellung für das Team der Werbeagentur

- Das Eine, die zentrale Führung des Büros
- Das Andere, die Führung durch Selbstorganisation
- Beides (die dritte Position)
- Keines von Beidem (die vierte Position)
- Das fünfte Element
- Die Werbeagentur
- Brigitte, die Büroleiterin

(Siehe »Anleitung für Einsteiger«, die Tetralemma-Aufstellung)

Was Georg erzählte

Damals, als wir um eine Aufstellung gebeten haben, standen wir vor der dringlichen Frage, wie wir in Zukunft unser Büro organisieren wollen. Brigitte, unsere Büroleiterin, die seit der Gründung unserer Firma vor fünfundzwanzig Jahren dabei ist, plante ihren Ausstieg. Das bedeutete für uns eine große Veränderung, denn sie kennt jeden unserer Kunden, hat jedes unserer Projekte begleitet, sie weiß einfach alles. Uns war klar, ihren Platz wird niemals mehr jemand ausfüllen können.

Wir sind zwölf gleichberechtigte Gesellschafter, die alle in der Firma mitarbeiten. In unseren heftigen Diskussionen darüber, wie es weitergehen soll, standen sich zwei starke Gruppen gegenüber. Wir konnten uns nicht auf ein gemeinsames Modell einigen, weil sich unsere unterschiedlichen Meinungen und Vorlieben nicht unter einen Hut bringen ließen. Die einen, zu denen ich gehörte, wollten wieder eine Büroleiterin, die als Chefin agiert und den Laden unter Kontrolle hat. Die anderen wünschten sich einen selbst organisierten Betrieb, in dem jede und jeder von uns abwechselnd die Koordination übernimmt und die Sekretärinnen und Assistentinnen, die bisher für alle da waren, jedem persönlich zugeordnet sind. Wir sind alle privat sehr miteinander befreundet, das machte die Diskussion angesichts der polarisierten Standpunkte noch schwieriger.

Ob es innerhalb des Teams eine Hierarchie gibt? Nein. Die Gruppe, die wieder eine Büroleiterin wollte, war zwar quantitativ kleiner, hatte aber dafür intern viel Gewicht. An der Aufstellung nahmen Vertreter aus beiden Lagern teil.

Die Aufstellung aus der Sicht von Georg

Ich wurde zunächst als »das Eine«, die zentrale Führung, aufgestellt und hatte sofort das Gefühl, als laste die Schwere von Generationen auf mir. Ich bin wie eine alte traditionsbelastete Bauernfamilie in die Aufstellung hineingewankt und habe sofort gespürt, dass ich total verkrampft und zu ernst bin. Ich hatte Angst vor der Polarität dieser gegensätzlichen Meinungen, Angst, dass wir da nicht mehr herauskommen, und habe mir Sorgen um die Firma gemacht. An mehr kann ich mich in dieser Rolle nicht erinnern.

Das, was für mich viel eindrucksvoller war, war meine zweite Rolle, in der ich mich frei bewegen durfte. Als »fünftes Element« stand ich zunächst eine Weile am Rand des Geschehens

– meine frühere Position wurde durch einen Stuhl besetzt – und sah plötzlich alles mit völlig anderen Augen. Mir wurde klar, wie verbissen und tierisch ernst die beiden Parteien ihren Kampf um die konträren Organisationsmodelle führen. Es war eine Stimmung im Team, als müsste man uns gleich auf den Friedhof bringen.

Dann geschah etwas, das mich selbst total überrascht hat. Ich fing als »fünftes Element« an zu tanzen und Grimassen zu schneiden. Ich habe die anderen angelacht, gekitzelt und mich sogar vor ihnen auf den Boden gelegt. Es war so unglaublich vergnüglich und witzig ... Das war der Moment, in dem die beiden Parteien anfingen, miteinander Kontakt aufzunehmen, die Distanz zwischen ihnen hat sich langsam verflüchtigt. Ich war unglaublich beeindruckt! Und plötzlich war mir um die Firma überhaupt nicht mehr bang.

Das Einzige, was für mich traurig war, war die Geschichte mit Brigitte, der Büroleiterin. Sie war schon sehr am Rand der Firma, so als ob sie nicht mehr ganz dazugehörte. Das hat mich sehr berührt, ich hatte es in dieser Bildhaftigkeit noch nicht wahrgenommen.

Es gab dann eine Szene, in der Matthias Varga mit seiner Hand ansatzweise zurück in ihre Familie zeigte und etwas auftauchte, was schwer und traurig war. Mir war bis zu diesem Augenblick nicht klar, dass Brigittes persönliche Geschichte so stark mit der Firma verwoben ist. Doch tatsächlich ist es ein Stück auch ihre eigene Trennungsgeschichte. Peer, ihr Exmann, und sie, die beiden Einzigen, die von den Gründern noch übrig sind, haben die Werbeagentur gemeinsam aufgebaut. Sie ist nicht nur Gesellschafterin, sie wurde nach der Scheidung auch Geschäftsführerin und hat eine richtig große Karriere gemacht. Mir wurde plötzlich klar, welch ein Kosmos diese Firma für die beiden war und dass Brigitte sich nicht nur von ihrer Arbeit trennt, wenn sie geht, sondern dass auch ein Stück persönliche Geschichte für sie endet.

Als ich als freies Element den Spaß, die Freude und die Leichtigkeit in die Aufstellung brachte, hat sich nach kurzer Zeit diese ganze Schwere verflüchtigt. Da ist in mir eine Hoffnung, nein, eigentlich eine selbstverständliche Sicherheit entstanden, dass wir gemeinsam eine Lösung für unser Problem finden werden.

Dieses Gefühl hat sich auch nach der Aufstellung gehalten. Es gab keine bestimmte Lösung als Resultat, die Lösung war einfach, dass wir wieder miteinander reden, miteinander Spaß haben konnten. Das Verkrampfte, das Verbissene der bisherigen Diskussionen war vorbei. In meinem Erleben war dieser Erfolg der »fünften Position« zu verdanken.

Ich habe zutiefst verstanden, dass sie eine kostbare Ressource ist. Natürlich wusste ich auch vorher, dass der Blick auf jedes Problem aus einer Außenperspektive wichtig ist. Aber in der Position des »fünften Elements« konnte ich die Auswirkungen so stark spüren, das war etwas ganz anderes. Meinen Standpunkt spielerisch ständig wechseln zu dürfen, nicht ernst sein zu müssen, wenn alle ernst sind, straffrei machen zu dürfen, was mir gerade in den Sinn kommt ...

Im Nachhinein sind mir alte Geschichten von den Hopi-Indianern eingefallen. Zum Beispiel die von dem Schamanen, der ein Jahr lang verkehrt auf seinem Pferd saß, damit er die Welt aus einer anderen Perspektive sehen konnte.

Sechs Wochen später hatten wir unsere Lösung gefunden. Sie ist wunderbar und passt für alle. Eigentlich ist sie dadurch entstanden, dass wir so etwas wie ein fünftes Element eingeführt haben, nämlich etwas ganz Neues, Kreatives, was außerhalb der Firma steht – die Kundenperspektive.

Durch diese Kundensicht wurden unsere internen Themen stark relativiert. Keiner der Berater und Beraterinnen wird von nun an eine eigene Sekretärin haben. Sie sind nicht mehr uns, sondern unseren Kunden zugeteilt. Die Kontakte zu unseren Geschäftspartnern, die früher ausschließlich unsere Büroleiterin gepflegt hat, werden in Zukunft auf mehrere aufgeteilt. Jeder Kunde hat seine eigene Ansprechpartnerin. Die Führung des Büropersonals – sofern das überhaupt notwendig sein wird – wird von den Gesellschaftern abwechselnd übernommen.

Was für mich bleibt, ist ein sicheres Gefühl: Das ist unser neuer Weg, das machen wir jetzt.

Die Aufstellung aus der Sicht von Anatol

Ich gehörte in der Firma dem Lager an, das eine neue Organisationsform wollte. Von den Gesellschaftern waren nur die Traditionalisten, die sowieso um jeden Preis bewahren wollten, dafür, die alte Struktur beizubehalten. Ich wollte ein Modell, mit dem ein Kulturbruch verbunden ist. Das ist nur dann möglich, wenn wir die zentrale Verwaltung aufheben und die Sekretärinnen zu Assistentinnen werden, die sich innerhalb ihrer Gruppe selbst organisieren.

Ich war in der Aufstellung der Repräsentant unserer Werbeagentur. Und aus dieser Sicht habe ich die ganze Geschichte erlebt. Ich glaube, dass wir am Anfang der Aufstellung unsere Rollen einmal gewechselt haben, aber ich kann mich nicht mehr daran erinnern, es war für mich nicht wichtig.

Ich stand als unsere Firma da und spürte ganz stark, dass weder »das Eine«, eine zentrale Führung, noch »das Andere«, Führung durch Selbstorganisation, zu mir passte. Sie strahlten beide keine Energie aus, waren völlig uninteressant. Auch die Position von »Beides« hatte keinerlei Bedeutung, sie war einfach nur langweilig. »Keines von Beidem« war die einzige Figur, zu der ich einen guten Kontakt fand.

Aber der Punkt, an dem etwas wirklich Wichtiges passiert ist – nicht nur bei mir –, war der Augenblick, in dem Brigitte, unsere Büroleiterin, damit beschäftigt war, etwas Persönliches aus ihrer Vergangenheit außerhalb unserer Firma zu lösen. Da kamen plötzlich Heiterkeit, Freude und eine spielerische Ausgelassenheit auf.

Ich bin wie ein Verrückter auf und ab gesprungen, das »freie Element« hat Purzelbäume geschlagen und gelacht. Es war ein irrsinniges Vergnügen, das ein abruptes Ende nahm, als die Büroleiterin von ihrem Ritual zurückkehrte und mit verstörtem Blick sagte: »Es kommt mir so vor, als ob ich vom Einkaufen zurückkomme, währenddessen ich meine Kinder allein gelassen habe, und jetzt herrscht Chaos, und alle machen, was sie wollen. Das erschreckt mich.« Sie war so erschüttert über uns, es war plötzlich wie eine Bestrafung, ein Zwang zur Ernsthaftigkeit.

Aber es gab kein Zurück mehr. Wir haben uns zwar zusammengerissen und sind ruhiger geworden, aber das gute Gefühl und das Wissen über diese Heiterkeit haben sich erhalten.

Und so ist es auch nach der Aufstellung geblieben. Es waren plötzlich wieder so viel Energie und Freude da, und ich hatte keine Angst mehr, dass unsere Werbeagentur zerbricht. Es ist eine uralte Angst, die mir sehr vertraut ist: Wenn wir die traditionellen Wege verlassen, gibt es unsere Firma dann noch?

Wir haben vor ein paar Jahren darüber diskutiert, ob wir unser Büro hier in dieser Villenetage auflösen, weil es viel zu klein geworden war. Es ging um die Entscheidung, ob wir ein neues, modernes, größeres Büro kaufen oder doch hier bleiben und uns lieber einschränken und die Räume anders aufteilen.

Ich bin noch immer fürs Weggehen. Ich möchte, dass alle ihre Ärsche vom Sessel heben, das ist ein symbolischer Akt, den unsere Werbeagentur dringend braucht. Wenn wir der Angst vor Veränderung und Unsicherheit zu viel Raum geben, dann sterben wir hier in Schönheit, weil es immer enger wird.

Aber es geht nicht nur um Büroräume und Büroorganisation. Sie sind nur der Spiegel eines permanenten Themas bei uns. Es geht um eine Firma, die von einem Zustand in einen anderen übergeht. Unseren Kunden predigen wir Mut zu Neuem, und wir selbst haben bisher nicht danach gehandelt.

Brigitte hat das Alte am Leben erhalten, sie musste es tun, wir haben sie darum gebeten. Aber wir können nicht zaubern und einen Klon heranziehen. Wir müssen darauf vertrauen, dass etwas anderes entsteht, was gut ist. Besonders wichtig war für mich in der Aufstellung, dass ein guter Platz für Brigitte gefunden wurde. Es ist richtig, dass sie als Büroleiterin geht, denn so kommt auch eine neue Leichtigkeit. Aber sie muss mit uns in Verbindung bleiben, sodass sie uns sieht und wir sie sehen können. Eine abrupte Verabschiedung ist nicht möglich.

Die Aufstellung selbst hat mir noch nicht gezeigt, wie diese Veränderung in unserer Büroorganisation aussehen wird. Aber sie hat mir das Gefühl vermittelt, dass es eine Lösung geben wird, und zwar eine ohne Gewalt. Eine, die nicht mit Verletzungen verbunden sein wird, die nicht durch Kriege entstehen kann, sondern durch eine schöne, leichte Art und Weise, die wir noch nicht kennen. Dieses Erlebnis, dass die Freude wieder da ist und die Luftigkeit, das hat mir gut getan.

Ich habe die Vision, dass wir uns in Zukunft nicht mehr Regeln unterwerfen müssen, die durch ihre Strenge und Schwere unsere Kreativität behindern, dass wir nicht mehr unser Potenzial einschränken müssen, nur damit die Organisation gut funktioniert.

Wenn ich früher den Traditionalisten, die sich dreifach rückversichern, bevor sie einen neuen Schritt gehen, gesagt habe, dass ich mich in meinen künstlerischen Fähigkeiten eingeschränkt fühle, dann haben die nicht einmal verstanden, wovon ich spreche. So als ob ein unsichtbarer Filter uns trennt. Doch als wir in der Aufstellung so frei herumgehüpft sind, da konnten es alle, die dabei waren, spüren.

Jetzt, sechs Wochen danach, ist eigentlich das herausgekommen, was ich in meiner Rolle als Werbeagentur empfunden habe.

Wir waren bisher wie elf Primadonnen, die ihr Solo tanzen und von sich dachten, dass sie selbst der Nabel der Welt sind.

Tatsächlich geht es bei einer Neuorganisation aber nicht um uns, sondern hauptsächlich darum, dass unsere Kunden damit zufrieden sind. Die Erotik besteht für mich nicht aus »dem Einen« oder »dem Anderen«, sondern aus »Keinem von Beidem«.

Die Schnittstellen sind neu, es entsteht ein vollkommen neues System, das weniger Unterschiede erzeugt. Plötzlich haben die Sekretärinnen und nicht nur die Berater und Beraterinnen eine wichtige Funktion. Brigitte wird nun vielleicht doch nicht sofort in Pension gehen, sondern in unserem neuen Modell möglicherweise eine Spezialfunktion haben. Sie könnte den finanziellen Bereich übernehmen, eine Position, die unsere Neuentwicklung nicht behindert.

Ich glaube, dass die positiven Veränderungen, die jetzt auf uns zukommen, alle Bereiche der Werbeagentur beeinflussen werden. In der alten Firmengeschichte hatte die Kommunikation ohne Gewalt keine Tradition. Früher gab es ein Unterwerfungsritual. Wer lauter schreien, wer mehr auf den Tisch hauen konnte, der hat sich durchgesetzt. Dann kamen neue Gesellschafter und mit ihnen eine Änderung der Spielregeln. Von nun an gab es eine festgelegte Ordnung, und wer die Spielregeln besser kannte und sie besser informell unterwandern konnte, hatte ein leichteres Spiel.

Ich vermute, dass jetzt auch wieder neue Prinzipien in der Kommunikation und in der Entscheidungsfindung entstehen werden. Unsere Neuorientierung kann eine rigide, alte Ordnung nicht brauchen. Vielleicht bedeutet Ordnung in Zukunft nicht Regeln, sondern eine dritte Dimension, die wir noch nicht kennen. Und jetzt habe ich zum ersten Mal das Gefühl, dass jede und jeder bereit ist, sich darauf einzulassen.

Die Aufstellung aus der Sicht von Wilhelm

Ich gehörte der Gruppe an, die für eine Führung durch Selbstorganisation plädierte. In der Aufstellung habe ich dann auch die andere Position, die zentrale Führung, als streng, steif, ernst und sehr beobachtend erlebt.

Ich selbst war vor allem in der Rolle von Brigitte, der Büroleiterin. Und dieses Gefühl von streng, ernst, steif und beobachtend hat sich in mir fortgesetzt. Es war mir klar, hier braucht es eine strenge Ordnung. Ich war so in meiner Rolle, dass ich wenig von meinem Umfeld mitbekam.

Ich saß als Brigitte auf einem Stuhl am Rand und spürte zunächst, wie sehr ich an diesem Büro hänge. Ich war beunruhigt und aufgeregt, weil alles so unklar war. Ich fühlte mich verunsichert, was geschehen wird. Können die denn überhaupt ohne mich? Bin ich jetzt weggeschoben? Will ich überhaupt weggehen? Oder lieber nicht? Ich sah auf mein Büro und gehörte nicht mehr wirklich dazu.

Dann gab es eine Szene, in der plötzlich alle anfingen zu tanzen, zu springen und zu hüpfen. Ich weiß nicht mehr, warum. Aber es ist wild zugegangen. Ich war total beunruhigt und fühlte mich wie eine verantwortliche Mutter, die kurz weggehen musste, und als sie zurückkehrte, haben die Kinder ein großes Durcheinander angerichtet.

Als ich über meine Wahrnehmung sprechen konnte, beruhigte sich die Gruppe und wurde wieder ernst. Ich konnte mich langsam entspannen, und es gelang mir, sie gelassen aus der Distanz zu betrachten. Das war angenehm, aber ich merkte, dass es für mich wichtig war, mit ihnen in Kontakt zu bleiben. Dass sie zu mir kommen, mich besuchen sollen.

Das war dann auch so. Das »fünfte Element« kam vorbei und erzählte mir, was so läuft im Büro. Ich konnte das plötzlich ganz ruhig mitverfolgen – ohne Schmerz, ohne Traurigkeit über die Trennung.

Nach der Aufstellung habe ich bemerkt, dass mir diese Fröhlichkeit, die die anderen aus meinem Team aus ihren Rollen mitgenommen haben, fehlte. Ich fühlte mich schwer und musste noch einmal entrollt werden (siehe »Anleitung für Einsteiger«). Für mich war wichtig, dass ich jetzt besser verstehen konnte, wie Brigitte sich wahrscheinlich fühlt.

Ich fand es auch entlastend, dass es nicht um »das Eine« oder »das Andere« geht, es war gut zu erleben, dass es uns nicht weiterbringt, nur diese Pole zu betrachten. Es war nach der Aufstellung sofort eine andere Leichtigkeit in der Gruppe, wir haben aufgehört, uns so zu verbeißen, und es ist die Idee aufgetaucht, dass es um »Keines von Beidem« geht, um diese vierte Position, in der eine ganz neue Lösung möglich wird.

Gut fand ich auch, dass gerade Georg das »fünfte Element« dargestellt hat. Er war einer der starken Vertreter der Fortsetzung des Gewohnten. Und diese Polarisierung hat sich durch seine Rolle vollkommen aufgelöst. Es ist alles flüssiger geworden, wir können wieder leichter miteinander reden.

Für mich ist das freie Element in der Realität durch einen externen Berater aufgetaucht, der uns kurz nach unserer Aufstellung ein konkretes Modell für unsere Büroorganisation vorgeschlagen hat, das ein Husarenstück in seiner Qualität ist, sodass wir es im Wesentlichen alle akzeptieren konnten. Die Aufstellung hat dieses wohlwollende Feld durch unsere offene Neugierde auf »Keines von Beidem« vorbereitet.

Nachtrag zu Wilhelm

Wilhelm hat in seiner Erzählung aus der Rolle der Büroleiterin an keiner Stelle auf das Ritual von Matthias Varga im Zusammenhang mit Brigittes Koppelung von Firmen- und Familiengeschichte Bezug genommen, obwohl es für andere Teammitglieder von großer Bedeutung war. Auf meine Frage im Anschluss an unser Interview, ob er sich daran erinnern könne, antwortete er: »War das damals in Piran? Nein, ich kann mich nicht daran erinnern, auch nicht, wenn ich lange darüber nachdenke ...«

Die Aufstellung aus der Sicht von Martina

Ich gehörte zu denen, die in der Werbeagentur das Neue vertreten haben, weil ich glaube, dass das Alte nicht mehr funktionierte. Für mich war klar, dass es nicht mehr zu halten ist, ich musste das nicht mehr hinterfragen. In der Firma waren die Meinungen gespalten.

Das gemeinsame Aufstellen am Anfang und die Entscheidung, wer welche Rolle übernehmen soll, waren ganz leicht. Aber als wir dann alle fünf das Flipchart, das unsere Werbeagentur darstellte, auf seinen Platz getragen haben, empfand ich das als total peinlich. Es kam mir vor, als ob wir unsere Firma zu Grabe tragen, und das wollten wir doch nicht.

Ich hatte die Rolle »Beides«. Am besten erinnere ich mich daran, dass ich mich ganz stark von »Das Eine« und von der Werbeagentur, die nicht weit davon stand, angezogen fühlte. Ich habe wie eine Tänzerin meinen Körper ganz stark in diese Richtung bewegt. Ich war wie eine Akrobatin, eine Künstlerin, und wenn ich gekonnt hätte, dann hätte ich ein Rad dorthin geschlagen.

Ich hatte keine Vorstellung davon, was »Beides« sein könnte, und war stark auf mich selbst bezogen. Dann gab es einen kurzen Körperkontakt zwischen der Werbeagentur und mir, und ich habe gespürt, dass sie mich stützt. Es war eine Qualität positiv überraschend, nicht überraschend positiv. Das »fünfte Element« war erheiternd, entlastend, es hat Erstarrtes wieder geöffnet. Ich empfand es als sehr hilfreich, und in der Reflektion über die Aufstellung habe ich mir gedacht, dass ich diese Position immer wieder einnehmen möchte.

Für mich als »Beides« war es auch ganz wichtig, wie es Brigitte geht und dass ihre Neuorientierung klappt. Am Anfang war sie sehr identifiziert mit dem, was in der Firma passierte. Und es gab eine Phase, da hat sie sich ganz offensichtlich für uns geschämt, weil wir so kindisch herumgehüpft sind.

Als sie hinter sich etwas gefunden hat, woran sie interessiert war, empfand ich das als sehr entlastend. Nach ihrer Beschäftigung mit sich und diesem relevanten Außen war sie bereit, in Pension zu gehen, und hat ein Stück losgelassen.

Für mich war die Essenz der Aufstellung, dass wir auf etwas ganz Neues zusteuern und dass das Loslassen von Brigitte wichtig ist. Und Georg, der sehr stark auf der anderen Seite war, ist durch seine Rolle als »fünftes Element« ein Stück weicher geworden.

Doch nach der ersten Erleichterung kam auch die Sorge: Von den zwölf Gesellschaftern der Werbeagentur waren nur wir fünf bei der Aufstellung dabei. Wir haben das alles erlebt, aber wie sollen wir es hinüberbringen, wenn wir wieder zu Hause sind?

Ich vermute, dass diese Einbeziehung der anderen Teammitglieder eher energetisch passiert ist. Jedenfalls passt die Aufstellung zu dem Prozess, der dann in der Werbeagentur gelaufen ist. Für mich ist es so, dass die Lösung, die wir gefunden haben, auf »Beides« hinausläuft. Und es lassen sich alle ein auf »Beides«, und es freuen sich alle, dass es so ist.

Die Aufstellung aus der Sicht von Peer

Ich bin der letzte Mitbegründer der Werbeagentur, der noch übrig ist, wenn Brigitte, unsere Büroleiterin, geht. Und mir ist klar, dass unser Office eine neue Organisation braucht. Alles, was in Richtung Musterwiederholung geht, muss schief gehen. Brigitte hat die Firma mit aufgebaut, sie weiß alles, sie ist das

Gedächtnis des Unternehmens. Dieses Gedächtnis geht mit Brigitte verloren. Wenn jemand ihren Platz einnehmen würde, dann hätten wir an diese neue Mitarbeiterin dieselben Erwartungen, obwohl die Neue gar kein Firmengedächtnis haben kann.

Daher ist ein Wechsel der Struktur das Beste. Wir müssen ein neues Gedächtnis aufbauen, ein Netzwerk, in dem das Gedächtnis auf mehrere Personen aufgeteilt wird. Es kommt noch dazu, dass es Brigitte gelungen ist, die unterschiedlichen Ansprüche der Berater und Beraterinnen durch ihre Person auszugleichen. In Zukunft lässt sich das besser durch ein ganzes Team auffangen als durch eine neue Hierarchie.

Ich sehe noch genau den Raum und das Licht in diesem Raum während der Aufstellung vor mir. Ich sehe, wie wir gemeinsam unsere Firma hereintragen. Sie war viel zu groß, und wir haben das Flipchart, das sie dargestellt hat, kleiner gemacht.

Ich kann mich erinnern, dass ich für »Das Eine«, das hierarchische Modell, einen mächtigen Sessel mit Lehne wollte, aber das haben die anderen abgelehnt.

Dann sehe ich mich auf einem Tisch sitzen. Er war das Symbol für die vierte Position, »Keines von Beidem«.

Zunächst bin ich nur dahinter gestanden, da war ich ganz unruhig und bin mit den Füßen auf und ab gewippt, wusste aber, dass ich sehr wichtig bin. Dann, als ich saß, habe ich mich vollkommen entspannt, meine Beine baumeln lassen und mich schließlich sogar hingelegt. Es war eine herrliche Position. Ich hatte viele Ideen, ich war sehr konstruktiv, und alle Probleme haben sich aufgelöst. Ganz nach dem Motto: Was wollt ihr denn, das ist es doch!

Für eine Weile wurde ich gebeten, meinen Platz zu wechseln, und stand dann als unsere Werbeagentur. Das war irritierend. Ich fühlte mich viel zu nahe bei »Das Eine«. Als Georg, der am Anfang der Aufstellung diese Rolle einnahm, sprach, kam mir seine Position noch schärfer, noch strikter, noch starrer vor als in der Realität. Es hat mich richtig geschüttelt. Mir wurde klar, dass in unserer Firma nur dann alles gut läuft, wenn wir uns mit der vierten Position beschäftigen.

Ich war dann froh, als ich wieder zu »Keines von Beidem« zurückkehren konnte. Ich war leicht, ich war witzig, ich war lustig. Ich spürte ein starkes Gefühl von innerer Freude, von Humor. Nichts konnte mich erschüttern. In meiner Erinnerung war ich der fünften Position, die für mich der Narr im Tarot symbolisiert, ganz nah. Und es war mir klar, dass es nur über die vierte Position zur fünften geht.

Während der Aufstellung, ich weiß nicht mehr genau, an welcher Stelle, war etwas Schweres, Dunkles, Trauriges im Raum. Eine Riesengeschichte, wie ein schwarzes Loch in der Materie. Da gab es etwas, was bindet und was gelöst werden musste. Ich erinnere mich, dass Matthias Varga diese Energie mit einer Handbewegung aufgelöst hat.

Erst dann war der Weg zur vierten Position wirklich frei. Im Nachhinein denke ich, dass es ein Rest der Trauer war, die durch Brigittes Ausscheiden aus der Firma entstanden ist.

Und während wir jetzt sprechen, kommen Bilder aus meiner Trauerarbeit im Mai, als wir schon einmal eine Aufstellung für unsere Werbeagentur gemacht haben. Damals waren die Gefühle der Trauer viel mächtiger, das hat mich überrascht. Aber das ist jetzt gelöst. Und ich bin stolz auf uns, dass wir unsere Trennung auf diese Weise bewältigt haben. Wir sind stolz, dass keiner von uns beiden abgehauen ist. Brigitte war schon bei der Konzeption der Firma dabei. Zwischen uns gibt es noch immer eine wichtige Verbindung.

Unmittelbar nach der Aufstellung hatte ich zwei Gefühle. Zum einen eine Sicherheit, dass wir eine schöne, spannende Lösung finden werden, zum anderen ein Gefühl von Peinlichkeit, dass wir in der Öffentlichkeit so viel Raum eingenommen haben. Ich habe dann nicht mehr viel über die Aufstellung geredet, ich habe sie einfach wirken lassen.

Aber wenn ich jetzt die Gefühle aus meiner Rolle der vierten Position damit verbinde, wie leicht und fröhlich dann später in der Realität unser neues Modell aufgenommen wurde, dann merke ich, wie einfach es plötzlich durch die Vorarbeit dieser Aufstellung war. Für alle, auch für die, die gar nicht dabei gewesen sind.

Das Büroorganisationsmodell, das ein paar Monate später eingeführt wurde:

Die neue Büroorganisation:

Die OfficemitarbeiterInnen haben eine oder einen zuständigen Vorgesetzten plus eine oder einen Stellvertreter aus dem BeraterInnenkreis, der alle zwei Jahre wechselt. Im Office gibt es:

- Zwei Projekt-AssistentInnen, die den Kunden zugeordnet sind und nicht, wie früher Brigitte, den BeraterInnen. Sie kümmern sich um alles, was mit dem Projekt zu tun hat. Um den Kundenkontakt, um die Korrespondenz mit dem Kunden, um die Unterlagen, um die Homepage und so weiter.
- Zwei kaufmännische AssistentInnen, die sich um Finanzen, Controlling, Reisemanagement, Terminverwaltung und Materialverwaltung kümmern.
- Eine Supportmitarbeiterin, die allen zuarbeitet und Post öffnet, Kopien erstellt, Gäste bewirtet und so weiter.

Systemisches Wissen

Die Annahme, dass alle Mitglieder eines Teams gleichwertig sind, berücksichtigt häufig nicht ausreichend, dass es unausgesprochene Hierarchien gibt. Inoffizielle Hierarchien, über die in der offiziellen Hierarchie keine Klarheit besteht, bekommen aber gerade dadurch ein besonderes Gewicht. In der Geschichte von der neuen Büroorganisation zeigte sich dies in der Frage der Nachfolge für Brigitte, die Büroleiterin, die im Unternehmen eine besonders komplexe Position innehatte, da es auch eine inoffizielle Hierarchie gab.

Die Büroleiterin war neben Peer das einzige im Unternehmen verbliebene Gründungsmitglied und in diesem Sinn als Mitgesellschafterin den anderen Gesellschaftern gegenüber vorrangig. Diese Sonderposition wurde durch die frühere Verbindung zwischen Peer und Brigitte noch betont. Zum anderen war Brigitte aber mit Serviceleistungen für alle Mitglieder des Teams befasst und übernahm, im Gegensatz zu allen anderen, keine eigenständigen Aufträge. In diesem Zusammenhang war sie den anderen Gesellschaftern gegenüber nachrangig.

Zum Dritten verfügte sie jedoch als Einzige über ein umfassendes Wissen zur Firmen-Kunden-Auftragsgeschichte, sie war das »Gedächtnis« der Firma und als solches nicht durch eine neue Person ersetzbar. Das wiederum bedeutete eine Vorrangstellung.

Bei der Nachfolgeregelung für Brigitte wurden in der Aufstellung die Probleme der nicht ausreichend berücksichtigten inoffiziellen Hierarchie sehr deutlich. Die auf den ersten Blick einfache Annahme der Gleichberechtigung aller Gesellschafter diente hier vielleicht zugleich der Aufrechterhaltung der inoffiziellen und zum Teil zirkulären Hierarchie, also die gleichzeitige Vorrangigkeit und Nachrangigkeit derselben Person in verschiedenen Kontexten.

Zur Aufrechterhaltung dieses Status quo durften die tieferen, musterunterbrechenden Qualitäten wie Humor und Leichtigkeit, die von dem »fünften Element« verkörpert wurden, im Unternehmen längere Zeit nicht vollständig zur Geltung kommen. Die Einführung des »fünften Elements« stellte eine kraftvolle Ressource dar, die symbolisch den partiellen Ausschluss dieser Qualitäten aufhob. Damit wuchs die Bereitschaft des Teams zu grundsätzlichen neuartigen Lösungen.

Andere Sequenzen der Aufstellung verdeutlichten dann die entsprechenden Formen der Würdigung der Büroleiterin. So konnten die zunächst mit der offiziellen Hierarchie unvereinbar erscheinenden inoffiziellen Rangfolgen einerseits und die besonderen Leistungen und Verdienste andererseits jeweils angemessene Anerkennung finden.

Bei dieser Aufstellung war besonders hilfreich, dass durch das »fünfte Element« der Humor und die Leichtigkeit wieder einen guten Platz in der Firma bekamen. Dadurch wurde ein wichtiger, in dieser Firmenkultur zuvor teilweise ausgeschlossener Aspekt wieder stärker einbezogen.

Die Lösung kommt hier durch eine Veränderung der Haltung zum Problem, das sich gewissermaßen auflöst. Häufig werden in Unternehmen als Erstes inhaltliche Lösungen gesucht. Doch genau dadurch werden sie oft gleichzeitig verhindert.

In der Strukturaufstellungsarbeit geht die Lösung über die veränderte Haltung zum veränderten Inhalt. Bei der Arbeit mit einem Team wird nicht vorausgesetzt, dass eine gemeinsame Wahrheit entdeckt werden muss. Es genügt, wie Steve de Shazer es formulierte, gemeinsam nützliche Formen des kreativen Missverstehens zu konstruieren.

Durch die teaminterne Aufstellung, in der jede und jeder im Team andere Positionen als die eigene eingenommen und dadurch neue Perspektiven kennen gelernt hat, entsteht Verständnis für andere Haltungen. Dadurch ergeben sich mehr Möglichkeiten, allen Perspektiven einen Platz zu geben, eine allparteiliche Haltung einzunehmen.

Diese neue Art der Wahrnehmung erleichterte es dem Team, konstruktive Wege für die Veränderung in der Firma zu finden. Auch die abwesenden Teammitglieder konnten sich diesem Prozess anschließen, denn Aufstellungen zeigen das, was fehlt, selbst wenn nicht alle Mitglieder des Systems teilnehmen.

Die Verstrickung

Matthias Varga sagt den Satz »Wer hat ein Anliegen aus dem Organisationsbereich?«. Und kaum ist er ausgesprochen, fliegt eine Hand hoch, und mit ihr bewegt sich der ganze Körper der jungen Frau.

»Ich habe ein Problem, das mir unter den Nägeln brennt. Und wenn ich es nicht bald löse, dann geht mein Auftrag den Bach hinunter.«

Martina S. spricht klar und direkt, und als sie ihre Geschichte erzählt, bleibt scheinbar nichts im Dunkeln.

»Mein Arbeitsauftrag ist so kompliziert, dass ich die letzten Monate hauptsächlich damit zugebracht habe, zu klären, wie ich ihm gerecht werden kann. Grundsätzlich geht es darum, dass in einer Firma eine gut funktionierende Schulungsabteilung entwickelt werden soll. Ich habe die Aufgabe, das Team, das damit beschäftigt ist, als externe Beraterin zu unterstützen.

Von da an wird's schwierig: Mein Auftraggeber ist Firma S., ein großes Unternehmen mit zwanzigtausend Mitarbeitern.

Die Firma, die diese Schulungsabteilung entwickeln soll, ist Firma B. mit ungefähr achthundert Mitarbeitern. Die beiden Firmen sind eng miteinander verbunden, sie kooperieren, gleichzeitig sind sie aber auch Konkurrenten. Firma B. darf aus rechtlichen Gründen für dieses Projekt keine externen Berater engagieren und hat Firma S. genötigt, mich unter Vertrag zu nehmen. Genötigt sage ich deshalb, weil Firma S. eigene Berater hat, die sie lieber eingesetzt hätte. Firma B. vertraut diesen Beratern aber nicht und hat darauf bestanden, mich zu engagieren, weil ich in diesem Bereich schon erfolgreich tätig war. Ich arbeite also in Firma B. und gehöre einem kleinen Team an.«

Matthias Varga unterbricht sie überrascht: »Wieso gehören Sie zum Team, ich dachte, Sie sind externe Beraterin?«

Martina S. lacht, und in ihr Lachen mischt sich Verzweiflung über ihre verfahrene Situation: »Sehen Sie, genau das ist mein Problem. Ich bin inzwischen so verstrickt, dass ich nicht mehr weiß, wo ich hingehöre und wie ich da wieder herauskomme.«

Bei gezieltem Nachfragen wird die Verstrickung immer komplexer. Eines der drei Teammitglieder in Firma B. soll die zukünftige Leiterin der Schulung werden und hat eine klar definierte Führungsposition, die diese Frau allerdings bisher nicht einnimmt. Ihr Chef und gleichzeitig ihr Geliebter, Herr G., hat sie in diese Position gedrängt und Martina S. gebeten, sie zu coachen, damit sie der Aufgabe gewachsen ist. Martina S. ist aber der designierten Schulungsleiterin hierarchisch untergeordnet.

Matthias Varga verdeutlicht mit einer kleinen Zeichnung auf dem Flipchart die Situation: Oben steht die Schulungsleiterin, unter ihr Martina S., die aus ihrer untergeordneten Position die über ihr stehende Führungskraft berät.

»Alleine dafür lohnt es sich, eine Aufstellung zu machen«, sagt er und schlägt vor, an die Arbeit zu gehen, nicht ohne die Klientin vorher zu fragen, ob es eine Information gibt, die vielleicht noch wichtig sein könnte.

»Da ist noch etwas«, fügt Martina S. nach kurzem Nachdenken hinzu. »Ich habe mich inzwischen mit dem ganzen Team befreundet, und auch zwischen Herrn G. und mir ist eine Freundschaft entstanden, die das Ganze nicht einfacher macht.«

Die Aufstellung für Martina S.

- Martina S., externe Beraterin
- Die designierte Schulungsleiterin
- Erstes Mitglied des Teams
- Zweites Mitglied des Teams
- Herr G., Chef der Schulungsleiterin und gleichzeitig ihr Geliebter
- Die Firma S.
- Die Firma B.
- Der Auftrag

Bilder in den Raum gestellt

Renate Daimler erzählt als Repräsentantin des Auftrags, eine Schulungsabteilung zu entwickeln

Ich bin der Auftrag. Und noch ehe Martina S. meine Schultern berührt und mich zu dem macht, was ich sein soll, hat meine Existenz als Auftrag schon begonnen. Ich spüre meine Würde, ahne gleichzeitig, dass einiges auf mich zukommt, und bin froh, dass ich sehr korrekt angezogen bin. Schwarzer Hosenanzug, weiße Bluse, blank geputzte Stiefeletten. Ich bin auf Ordnung bedacht, das ist mir wichtig.

Jetzt kommt Herr G., der ebenfalls darauf wartet, aufgestellt zu werden, und schiebt sich einfach hinter mich. Merkt er denn nicht, dass er mir viel zu nah ist? Ich möchte einen Schritt zur Seite treten, aber meine Beine sind wie Beton. In den Boden gegossen, unbeweglich.

Ich sehe von außen zu, wie zuerst die Repräsentantin für die Beraterin Martina S. und dann die Schulungsleiterin in den Raum gestellt werden. Unsicher und zögernd. Wenn ich von den beiden abhängig bin, dann gnade mir Gott. Ich spüre, wie sich meine Waden immer mehr verkrampfen.

Und da stehen sie, die beiden, die meine Zukunft gestalten sollen. Die zukünftige Leiterin der Schulungsabteilung schwankt vor und zurück und entschließt sich letztendlich zu einer Rückenlage, in der sie der erste Wind umblasen könnte. Die Beraterin steht ein Stück entfernt neben ihr, nicht unsympathisch, aber ziemlich betreten. Ich konzentriere mich eine Weile auf ihren extravagant frisierten Scheitel – die Haare sind kunstvoll in Zacken unterteilt –, das lenkt mich ab von ihrem unsicheren Gesichtsausdruck.

Dann kommt ein Mitglied des Teams und mit ihm ein Stück Hoffnung. Die Frau geht fast allein ins Bild, kaum geführt, und scheint von selbst zu wissen, wo ihr Platz ist. Sie trägt einen langen, ordentlich geflochtenen dicken Zopf, der mir Vertrauen einflößt.

Das zweite Teammitglied, ebenfalls eine Frau, enttäuscht mich. Ich spüre keine Verbindung zu ihr. Sie steht genauso planlos herum wie die anderen.

Jetzt bin ich dran.

Unsichere Hände legen sich auf meine Schultern, quer durch den Raum geht meine Reise, rechts vorbei am gesamten Team. Ich mag meine schwarze Kleidung nicht mehr. Ich fühle mich wie auf dem Weg zu meiner eigenen Beerdigung. Mitten im Schreiten werde ich plötzlich stehen gelassen, ein Fuß vorn, der zweite ein Stück weiter hinten, sodass sich meine Waden noch mehr verkrampfen.

Der Ort, an dem ich jetzt gelandet bin, ist weit weg vom Geschehen. Ich fühle mich einsam. Ich höre in meinem Rücken Gemurmel, und wenn ich mich anstrenge, kann ich in der Fensterscheibe, vor der ich stehe, ein Knäuel von Menschen gespiegelt sehen. Aber ich gehöre nicht zu ihnen.

Ich möchte weggehen, mir andere Menschen suchen, die mich brauchen können. Am liebsten in die sanft beleuchtete

Wohnung auf der anderen Straßenseite. Dort ist es warm und freundlich. Ich sehe einen weihnachtlich gedeckten Tisch. Silbern und rosa, kitschig und gleichzeitig wunderschön.

Die Menschen, die hier wahrscheinlich bald essen werden, bewegen sich schemenhaft hinter den Vorhängen im Nebenraum. Hunderte kleine Glühbirnen, die sich gemeinsam zu einem feierlichen Teppich verwoben haben, lassen ihr Licht in Kaskaden vom Fensterbrett an der Hausmauer entlangfließen. Ein Windstoß bewegt sanft die Lichterkette und holt mich aus meinem Traum von einem besseren Leben zurück.

Ich strenge mich an, den Gesprächen hinter meinem Rücken zu folgen, aber die Stimmen sind weit weg. Ich mache meine Ohren ganz groß und spüre, wie in mir die Verzweiflung wächst. Niemand nimmt Bezug auf mich. Ich höre, dass sich alles um Herrn G. dreht. Herr G. macht der Beraterin heiße Wangen, Herr G. ist so wichtig für die Schulungsleiterin, dass sie sich auf nichts anderes konzentrieren kann. Weil sie nicht leitet, fühlen sich die beiden anderen im Team nicht wohl.

Selbst die mit dem Zopf, die anfänglich sagte, dass sie einen guten Kontakt zu mir habe, ist inzwischen in dieses Beziehungschaos verstrickt. Jedenfalls, das kann ich in meiner Fensterscheibe genau sehen, stehen die Beraterin, die zukünftige Schulungsleiterin und Herr G. in einem Dreieck viel zu nahe beieinander. Sie sind so mit sich selbst beschäftigt, dass ich keine Chance habe, bemerkt zu werden. Meine Hoffnungslosigkeit wächst ins Uferlose.

Ich sehe in den Nieselregen hinaus, der den Asphalt der breiten Straße glänzen lässt, begleite mit meinen Augen dick vermummte Menschen in ihren tristen Wintermänteln, freue mich, als ein junges Mädchen mit einem roten Anorak vorübergeht, und bekämpfe meine Depression immer wieder mit Blicken in das weihnachtlich geschmückte Wohnzimmer gegenüber.

Inzwischen fühle ich mich mit jeder Faser meines Körpers gequält. Die Schultern tun mir weh, meine Arme sind wie gelähmt, und wenn ich hier noch lange mit meinen verkrampften Waden stehen muss, dann fange ich an, laut zu schreien.

»Ich habe schon einen langen Weg zurückgelegt, und alles ist sinnlos«, sage ich verbittert, als ich endlich gefragt werde, wie es mir geht. »Und das hinter mir ist ein einziger Sauhaufen.«

Nach mir spricht Firma S., sie findet Herrn G. und die Mitarbeiter der Firma B. bedrohlich.

»Wenn ich ihn anschaue, dann bekomme ich ein ungutes Gefühl.«

Ich fühle mich in meiner Annahme bestätigt. Diese unklare Vermischung zwischen den beiden Firmen trägt zusätzlich zum Chaos bei.

Jetzt ist Firma B. am Wort, und meine Hoffnung kehrt zurück. Wenigstens sie erkennt, dass hier alles schief läuft.

»Ich bin bedrückt und weiß, dass hier viel geschoben und manipuliert wird. Und keiner kümmert sich um den Auftrag. Ich mache mir Sorgen, dass das Projekt scheitert.«

Na endlich! Kurz danach werde ich umgedreht.

Meine unangenehmen Körpergefühle sind mit einem Mal verschwunden. Im Bruchteil einer Sekunde durchflutet mich das sichere Gefühl: Ich bin hier die Wichtigste, ich bin es, um die es hier geht.

Ich sehe die Menschen, die für mich zuständig sind in ihrem viel zu engen Dreieck, aber es stört mich nicht mehr so, weil ich weiß, dass jetzt, wo mich alle sehen können, meine Zeit kommt.

Matthias Varga stellt Herrn G., der erleichtert aufatmet, endlich in den Hintergrund, in die Nähe von Firma B., dort, wo er hingehört. Ich mag ihn, aber er hat so nahe bei meinem Team nichts zu suchen.

Herr G., plötzlich seinem Frauenumfeld entrissen, entsinnt sich meiner und schaut mich interessiert an. Auch Firma B. ist jetzt entspannter. Sie beschwert sich kurz, als Herr G. einen kleinen Schritt zur Seite tritt und für einen Augenblick die Sicht auf mich versperrt, und winkt mir, als sie mich dann wieder sehen kann, begeistert zu.

Die Beraterin wird ebenfalls ein Stück von meiner zukünftigen Schulungsleiterin weggestellt, und alle atmen auf.

Ich spüre Zorn, als sie dann spricht.

»Über unsere geschäftliche Verbindung hinaus hat sich zwischen uns eine Beziehung entwickelt«, sagt sie.

Und ich denke mir und sage es ungefragt laut: »Und was, bitte, habe ich davon?«

Ich bin jetzt endgültig von diesem emotionalen Kuddelmuddel genervt. Die sollen an die Arbeit gehen und sich mit mir beschäftigen.

Matthias Varga schlägt der Beraterin den Satz vor: »Ich traue es dir zu«.

Die Schulungsleiterin wird sofort größer, und ich bin zufrieden. Genau darum geht es. Sie kann es, und ich finde es gut, wenn sie darin bestärkt wird. Wir lächeln einander an, und ich habe plötzlich das Gefühl: Hier steht eine Verbündete, der viel an mir liegt.

Leider bin ich mit meiner neuen Begeisterung allein. Die Beraterin ist immer noch mit dem Versuch beschäftigt, den Satz: »Ich traue es dir zu« überzeugend zu sagen, und nimmt den dritten Anlauf.

Und plötzlich fällt es mir wie Schuppen von den Augen: Die Beraterin ist innerlich zutiefst überzeugt, dass meine Schulungsleiterin in Wahrheit ungeeignet ist.

Ich sage laut und deutlich und straffe meine Schultern dabei: »Ich habe eine Botschaft. Ich traue es ihr zu.«

Matthias Varga sagt freundlich zur echten Martina S., die im letzten Bild auf dem Platz ihres Doubles steht: »Diese Arbeit ist jetzt in dir zu tun ...«

Mein letzter Blick, bevor ich meine Rolle wieder verlasse,

fällt von der Schulungsleiterin auf die Firma B., die in direkter Linie in einem guten Abstand stark hinter ihr steht. Diese beiden sind meine wichtigsten Bezugspunkte. Hier sind meine Wurzeln, hier gehöre ich hin. Und ein Gefühl von Sicherheit und Wohlbefinden überkommt mich.

Zwei Tage nach der Aufstellung

Eigentlich sollte es nur ein Feedback auf meine Erzählung werden. Cornelia G., Repräsentantin der Schulungsleiterin, erklärte sich bereit, mir zu berichten, ob sie aus ihrer Rolle die Gefühle des »Auftrags«, wie ich sie in meinem Text schildere, nachempfinden kann. Ihre Antwort kam postwendend und übertraf alle meine Erwartungen.

»Ich fühle mich von Ihrer Geschichte so angeregt, dass ich Ihnen gerne die Aufstellung aus meiner Perspektive erzählen möchte. Es ist faszinierend, wie sich die Erlebnisse ergänzen.«

Cornelia G. erzählt aus der Sicht der zukünftigen Schulungsleiterin

Ich stehe allein im Raum. Unter meinen Füßen spüre ich Ruhe und Festigkeit, meine Beine stemmen sich in den Boden. Doch nach einer Weile merke ich, dass meine Beinmuskeln angespannt sind, als ob sie sich anstrengen müssten, den Boden daran zu hindern wegzufliegen.

Dann werden zwei Frauen ein Stück weit entfernt von mir hingestellt, und ich höre, dass sie »erstes« und »zweites« Teammitglied genannt werden. Ich freue mich, sage innerlich »Hallo« und schaue wieder in eine andere Richtung. Sie haben mit mir nichts zu tun. Ich mag sie, ich spüre meine Wertschätzung, aber es gibt keine Verbindung zwischen uns. Sie sind einfach nur da.

Ich bin so sehr mit mir und meinen eigenen Gefühlen beschäftigt, dass die beiden Frauen zunehmend noch unwichtiger werden. Dann kommt Martina S., die Beraterin.

Sie stellt sich neben mich und sieht mich direkt an. Ich stehe im Profil zu ihr und spüre unter ihrem Blick Hitze auf meiner linken Wange. Ich möchte mich zu ihr hindrehen, möchte sie anlächeln und ihr sagen, dass alles gut ist. Aber ich kann nicht. Wie aus Stein gemeißelt stemme ich meine Beine gegen den Boden. Nichts anderes ist mir wichtig. Ich bin ein Mikrokosmos, der den Boden davon abhalten muss wegzufliegen.

Dann kommt Herr G. Er steht schräg vor mir, sodass er knapp an mir vorbeisieht. Sensationell! Mein Herz macht einen Sprung. Eine irrsinnige Freude macht sich in mir breit, magisch zieht er meinen Blick an. Ich muss immer zu ihm hinschauen, ihn anlächeln. Ich fühle mich leicht und schwerelos.

Und plötzlich kann ich mich bewegen. Energie fließt, Freude, Spaß, ich bin nur noch für Herrn G. da. Meine Beine, die den Boden vom Abheben abhalten sollten, werden mir unwichtig. Mein Herz bekommt Flügel und flattert, meine Augen zwinkern ihm zu. Was passiert mit mir? Ich bin es immer noch, die da steht, aber diese Gefühle gehören doch gar nicht zu mir?

Jetzt wird mein Auftrag aufgestellt. Mein Auftrag? Er wandert durchs Bild, meine Augen folgen ihm, und dann verschwindet er, verdeckt von Herrn G., der mir den Blick verstellt. Er sah traurig aus, als er vorüberging. Groß, schwarz, innerlich abgewandt. Ich fühle mich nicht verantwortlich. Herr G. ist da, und das ist das Einzige, was für mich zählt. Alles andere hat mit mir nichts zu tun. Ich zwinkere ihm wieder zu.

Dann höre ich, dass der Auftrag spricht, und trete ein kleines Stück zur Seite, damit ich ihn sehen kann. Ich möchte ihm klar machen, dass ich ihm nichts Böses will, dass ich einfach nur mit Herrn G. zusammen sein möchte. Das genügt mir. Aber der Auftrag wendet mir den Rücken zu.

Er ist bösartig. Was will er denn von mir? Er bezeichnet uns als Sauhaufen. Ich bin ein Sauhaufen? Na gut. Ich lache innerlich über dieses Bild, das uns so klein und unbedeutend macht. Aber er hat Recht. Trotzdem – dieser viel zu große, schwarze, sich dauernd beschwerende Auftrag nimmt sich viel zu wichtig. Aus seiner Sicht sind wir also ein Sauhaufen. Na und?

Wie durch einen Nebel nehme ich wahr, dass jetzt die anderen, die hier mit mir stehen, sprechen. Ich erkenne Bedürfnisse, spüre, dass die Dinge, die gesagt werden, irgendwie wichtig sind. Langsam wache ich auf. Ich bin die, die hier angesprochen wird. Ich bin es tatsächlich, die gemeint ist, und ich habe es nicht einmal bemerkt. Diese Menschen brauchen mich. Nicht Herrn G., nicht Martina S. Mich brauchen sie.

Jetzt wird Herr G. ein Stück von mir weggestellt, hinter mich, näher zu unserer Firma. Auch die Beraterin rückt ein Stück zur Seite. Ich hebe den Kopf, atme tief durch. Ganz kurz habe ich das Gefühl, dass ich schwanke. Ich stehe ganz allein da! Ich sehe mich um und fühle mich entsetzlich klein. Doch dann lichtet sich der Nebel. Erleichterung! Ich bin plötzlich viel unbeschwerter.

Ich atme noch einmal tief durch, hebe den Kopf, schließe für einen Moment die Augen, und als ich sie wieder öffne, sehe ich direkt in die Augen meines Auftrags. Ja, denke ich, diese Augen gehören zu mir. Ich lächle den Auftrag an. Sicherheit macht sich breit, meine Beine werden fest. Der Auftrag lächelt zurück. Wir verstehen uns.

Doch die Beraterin starrt mich noch immer von der Seite an. Lass mich endlich los, denke ich mir. Was brauchst du noch, damit du aufhören kannst, mich so zu beobachten. Du solltest deine Hitze nicht auf mich konzentrieren.

Dann sagt sie endlich den erlösenden Satz: »Ich traue es dir zu.«

Das war es also, was gefehlt hat! Ja, du kannst mir vertrauen, ich halte alles in Händen, und das ist gut so.

Meine Blicke kehren zum Auftrag zurück.

»Lass es uns anpacken«, sage ich zu ihm. »Du bist mir vertraut und wichtig.«

Jetzt kann ich auch die anderen Teammitglieder sehen.

»Ich gebe euch die Führung, die wir alle brauchen. Es ist gut, dass ihr neben mir steht«.

Der Auftrag glitzert, schimmert, kommuniziert mit uns. Neben mir mein Team, auf der anderen Seite die Beraterin, stehen wir im Halbkreis, im Rücken gestärkt durch Herrn G. und hinter ihm durch Firma B.

Untrügliches Wissen macht sich in mir breit.

»Danke für euer Vertrauen«, sage ich in die Runde. »Es ist gut bei mir aufgehoben. «

Was die Beraterin Martina S. zwei Tage später erzählte

Als ich meine Repräsentanten auf ihre Plätze stellte, verspürte ich widersprüchliche Gefühle. Mein Kopf wollte mir befehlen, wie ich sie »richtig« anordnen soll, mein Bauch war dagegen und folgte der Stimme von Professor Varga von Kibéd, der mich anleitete, einfach nur auf meine Hände und auf meine Füße zu achten und mich überraschen zu lassen, wohin sie mich führen.

Das Bild, das ich dann vor mir sah, fing sofort an zu wirken. Ich erkannte alles wieder. Meinen Auftrag, der sehr kompetent wirkte, aber völlig ins Out geraten war, die Enge zwischen meiner Schulungsleiterin, Herrn G. und mir. Was mich aber vor allem verblüffte, waren die Aussagen der beiden Firmen. Es stimmt genau, was der Repräsentant von Firma B. sagte. Hier wird viel manipuliert und geschoben. Und das Unbehagen, das Firma S. beim Anblick von Herrn G. verspürt, ist völlig berechtigt. Da gibt es firmeninterne Probleme.

Mir ist klar geworden, dass ich mich nicht um die Konflikte zwischen den beiden Firmen kümmern darf, sondern meine ganze Aufmerksamkeit dem Auftrag zuwenden muss.

Meine wichtigste Erkenntnis liegt aber darin, dass ich meiner Schulungsleiterin ihre Aufgabe bisher nicht zugetraut habe und sie dadurch daran gehindert habe, ihren eigenen Weg zu gehen. Auch die Nähe zu Herrn G., der mir durch die Blume immer wieder zu verstehen gab, dass er möchte, dass seine Geliebte so sein soll wie ich, so engagiert wie ich, so kompetent und durchsetzungskräftig, ist für meine Arbeit ungesund. Da werde ich mich in Zukunft besser abgrenzen.

Am Montag kam ich sofort in eine Situation, in der sich die zukünftige Schulungsleiterin unsicher fühlte und ihr wieder einmal Zweifel kamen.

»Ich schaffe das alles nicht«, sagte sie wie schon so oft.

Und diesmal konnte ich mit voller Überzeugung antworten: »Natürlich schaffst du das. Ich bin davon überzeugt.«

Mir selbst geht es seit der Aufstellung viel besser, es hat mir gut getan, meine Verstrickung mit eigenen Augen zu sehen. Außerdem habe ich seither ein tiefes Vertrauen in meinen Auftrag. Wenn jetzt jemand in der Firma kritisch über die zukünftige Schulungsabteilung spricht, dann hole ich mir innerlich das Bild meines Auftrages aus dem Lösungsbild der Aufstellung her und weiß, dass es richtig ist, an ihn zu glauben.

Systemisches Wissen

Zunächst fällt auf, dass die Beraterin in einer komplizierten Konstruktion arbeitet. Die Firma, die sie engagiert hat, ist eine andere als die, für die sie arbeitet. Das kann bedeuten, dass sie von Schwierigkeiten zwischen den beiden Firmen, die es offensichtlich gibt, betroffen sein kann, weil sie tatsächlich »dazwischen« steht.

Die Konstellation, dass die zukünftige Schulungsleiterin, die sie beraten soll, ihr gleichzeitig Weisungen erteilen kann, ist systemisch auch nicht ganz einfach. Die Mischung von einmal oben und einmal unten erfordert viel Klarheit über die jeweilige Situation. Außerdem gibt es eine zu enge Verbindung zum Vorgesetzten der zukünftigen Schulungsleiterin, die gleichzeitig auch noch dessen Geliebte ist. Eine Verquickung, die sich auf die Qualität der Arbeit ungünstig auswirkt. Es entsteht ein »Kuddelmuddel« an Emotionen, das dem Auftrag, der sich darüber auch ausführlich beschwert, nicht gut tut. Erst als der Chef und Geliebte ein Stück zurücktritt und erst nachdem die Beraterin die ungesunde Nähe zum System durch etwas mehr Distanz verändert, ist der Auftrag, den alle aus den Augen verloren hatten, erleichtert.

Interne Konflikte können eine Firma lahm legen. Mitarbeiter und Führungskräfte konzentrieren sich auf ihre Probleme miteinander und verlieren die Aufgaben der Organisation und ihre Kunden aus den Augen. Das wurde hier klar sichtbar. Damit ist die Chance gegeben, sich wieder auf die gemeinsame Aufgabe und die eigentlichen Themen neu auszurichten.

Aber auch die geheime Vermutung der Beraterin, dass die zukünftige Schulungsleiterin sich in Wirklichkeit für diesen Posten nicht eignet, wirkt als Hindernis. Erst als sie sagt: »Ich traue es dir zu«, fühlt sich ihre Klientin unterstützt.

Hier ist gut zu sehen, dass auch unausgesprochene Bewertungen Einfluss haben. Manchmal können kleine Schritte, eine veränderte Haltung zum Beispiel, ein ganzes System verändern und dadurch zu großen Schritten werden. Indem die Beraterin hier vor sich selbst so tut, als ob sie ausreichende Gründe hätte, der zukünftigen Schulungsleiterin die Eignung für diesen Posten zuzutrauen, erzeugt sie eine Haltung, die die Möglichkeiten der Schulungsleiterin fördert. Zugleich erlaubt es der Beraterin, auf positive Aspekte ihrer Klientin aufmerksam zu werden, die sie durch ihr Vorurteil, ihr vorhergehendes Urteil, nicht wahrnehmen konnte.

Die alten und die neuen Werte

»Es geht um die Umstrukturierung eines IT-Unternehmens«, sagt Gesine M., breitet die Hände aus und fügt sie dann wieder zusammen, als ob sie zwei Pole, die weit auseinander liegen, verbinden will. »Der Eigentümer hat seinem Sohn Platz gemacht, und mit ihm kommt ein – allerdings nicht explizit benannter – Wertewandel in die Firma, der für einige nicht leicht zu verkraften ist. Seit sechs Wochen berate ich Herrn A., eine hochrangige Führungskraft, der mit der Neuorientierung in der Hierarchie zwei Stufen höher gekommen ist.

Sein Konfliktpartner ist Herr T., der den umgekehrten Weg gehen musste. Er war vorher auf derselben Ebene wie jetzt Herr A., allerdings nicht in derselben Abteilung. Nun ist er eine Etage tiefer gerutscht und berichtet an Herrn A. Beide Führungskräfte haben ein Problem damit. Herr T. ist durch den Abstieg sehr belastet, spricht aber nicht darüber. Und Herr A. kommt nicht damit zurecht, dass sein neuer Mitarbeiter noch immer die ›alte‹ Führungsphilosophie vertritt.

Meine Aufgabe ist es, Herrn A. zu beraten. Herr T. nimmt an diesen Gesprächen teil.

Der neue Stil im Unternehmen ist von Begeisterung und Nähe geprägt, während in der Zeit vor dem Veränderungsprozess Distanz und hierarchische Unterschiede zwischen den Mitarbeitern als schätzenswert galten. Der Erbe des IT-Unternehmens hat durch die Auswahl seiner neuen Führungskräfte die Werte, die ihm jetzt wichtig sind, stark betont und deshalb Herrn T. degradiert. Dennoch gibt es auch Werte, die sie miteinander verbinden.

Beide sind der Firma gegenüber sehr loyal, beide engagieren sich für einen wertschätzenden Umgang miteinander, auch wenn ihr Wertesystem, was die Mitarbeiterführung angeht, sehr konträr ist. In den bisherigen Beratungen ringt Herr A. darum, Herrn T. zu verstehen. Der wiederum ringt um Stabilität in seiner neuen Rolle und weiß noch nicht genau, was die Firma jetzt von ihm will.«

Die Aufstellung für Gesine M.

- Gesine M., die Beraterin
- Herr A.
- Herr T.
- Die neuen Firmenwerte (Begeisterung und Nähe)
- Die alten Firmenwerte (hierarchische Unterschiede und Distanz)
- Das IT-Unternehmen
- Die vierzig Mitarbeiter von Herrn A.
- Die zehn Mitarbeiter von Herrn T.

Als Rahmen für die Aufstellung (siehe »Anleitung für Einsteiger«):

- Die Erkenntnis
- Das Vertrauen
- Die Ordnung
- Die Weisheit als freies Element

Später ergänzt:

- Die (neue) eigentliche Ordnung

Bilder in den Raum gestellt

Es ist, als ob die Erkenntnis in dieser Firma gewundene Wege gehen müsste. Fast wie in einem Slalomlauf wird sie in den Raum geführt. Einmal in diese Richtung gedreht, anschließend wieder in eine andere. Dann kommt die Ordnung hereingestolpert, fällt fast über eine Tasche, die ihr im Weg steht, und lässt die Schultern hängen. Nur das Vertrauen scheint ein besseres Los gezogen zu haben. Es komplettiert das Dreieck, in dem die Glaubenspole stehen, und lächelt die Kollegen freundlich an.

Jetzt kommt Herr A. Er ist mit seinen zwei Metern der größte Mann in diesem Seminar, und als nach ihm Herr T. hereingeführt wird, zeigt sich der hierarchische Unterschied auch in der Körpergröße. Ein kleiner, zartgliedriger Mann, dem scheinbar selbst seine Kleider zu groß sind, wird zögerlich auf den Platz direkt gegenüber gestellt.

Als jetzt Herr A. spricht, der ziemlich dominant wirkt, kommt Überraschung auf.

»Für mich hat die Aufstellung schon begonnen«, sagt er, »noch ehe ich aufgestellt wurde. Ich wollte von Anfang an, dass alle in der Firma sehen können, dass ich niemandem im Weg stehen will. Ich habe einen guten Kontakt zum Vertrauen, die Ordnung ist mir zu männlich, und als ich zur Erkenntnis hinübersah, bin ich richtig erschrocken. Da wusste ich plötzlich, dass ich viel zu groß bin.« Er schaut mitfühlend auf Herrn T. hinunter. »Gott, mache ich mir Sorgen um ihn. Er kommt mir völlig verwahrlost vor, das finde ich schade. Ich hätte gern, dass er kraftvoller wäre.«

Auch die Wortmeldung von Herrn T. ist voller Überraschungen: »Ich habe das Gefühl, dass ich stabiler bin als Herr A. Als ob ich dick wäre im Vergleich zu diesem langen, dünnen Mann. Erschreckt hat mich, dass die Ordnung so weit von mir weggeführt wurde. Das darf doch nicht sein, war mein erster Gedanke.«

Die Mitarbeiter der beiden sitzen am Rand und sehen ihren Chefs zu. Die einen, Herrn T. zugeordnet, ziehen ihren Kopf ein und erzählen, dass sie hauptsächlich damit beschäftigt sind, brav zu sein.

»Ich habe mich gefühlt wie ein Schulbub, der sich unerlaubt entfernt, als ich auf die Toilette musste«, sagt der Mann, der die zehn Mitarbeiter repräsentiert.

Die vierzig Mitarbeiter von Herrn A. sind wesentlich selbstbewusster: »Wir wissen nicht, warum Herr A. immer zu uns herschaut, ob er uns kontrolliert oder bei uns Hilfe sucht. Jedenfalls ist es nicht angenehm.«

Auch die alten Werte, die inzwischen an ihrem Platz angekommen sind, fühlen sich nicht wohl.

»Ich bin nicht stabil«, sagt der Repräsentant und versucht seine schräge Schulter gerade zu halten. »Ich bin einseitig. Und ich habe in Herrn T. einen sehr strengen Chef, zu Herrn A. habe ich dafür ein lustiges Verhältnis.«

Die neuen Werte sind nicht viel besser dran: »Ich war am Anfang so begeistert! Ich habe mich an den drei Polen erfreut, aber dann wurde ich noch ein Stück nach vorne gestellt, und seit ich so exponiert stehe, kippe ich ständig hin und her. Herr A. ist viel zu groß und hat mir den Blick zur Ordnung verdeckt. Und jetzt kann ich nur noch zur Beraterin hinschauen und sie anflehen: Bitte rette mich!«

Die Repräsentantin der Beraterin hat ihren Platz vor einer Säule und steht ein Stück zurückversetzt genau zwischen den beiden Führungskräften.

Herr T., der zuerst ganz flach geatmet hat, spürt, seit sie ins Bild kam, seinen Atem im Bauch wieder: »Aber alles hier ist so anstrengend. Wenigstens sind die alten Werte freundlich, die neuen schauen dafür ein bisschen lasch aus.«

Herr A. erwidert: »Ich empfinde die neuen Werte verstandesmäßig als zu mir gehörig, aber sie wirken so bedrückt.«

Er ist überrascht, dass die alten Werte ihn freundlich anlächeln.

Die Beraterin ist mit den neuen Werten auch nicht ganz glücklich: »Die sind ja unterdrückt, aufgesetzt, auferlegt ...« Und als sie merkt, dass sie nah am Konfliktfeld steht, ergänzt sie: »Ich spüre Herrn T. körperlich, wie soll ich da zu Herrn A. Kontakt aufnehmen? Für mich ist nur die Erkenntnis eine klare Ressource. Ich weiß, dass sie mir nützt, obwohl ich noch nicht weiß, wie.«

Die Erkenntnis zeigt sich auch sofort zu Informationen bereit: »Vorher war zwischen den beiden Führungskräften ein Loch. Und als ich erneut hinsah, stand dort die Beraterin und hat die Lücke geschlossen. Außerdem kann ich die beiden Konfliktpartner nicht auseinander halten. Ich glaube immer, Herr A. ist Herr T. und Herr T. ist Herr A. Die Wertesysteme sind beide wichtig, ich empfinde sie wie zwei Wächter.«

Dann schaut sie zu ihrem Glaubenspolaritäten-Kollegen hin und sagt: »Er ist nicht die Ordnung, ich sehe in ihm nur Militär.«

Jetzt spricht die Ordnung: »Ich bin sehr ernst und finde nicht in Ordnung, dass Herr A. umso viel größer ist als Herr T. Und als die neuen Werte kamen, hatte ich plötzlich eine Wunde, einen Schmerz, als ob etwas in mir brutal aufgerissen wird.«

Während die verschiedenen Repräsentanten sprechen, schwirrt die Weisheit im Raum herum, geht ganz nah an jeden Einzelnen heran, spricht hier einen kecken Satz und dort ein offenes Wort.

Dann meldet sich das Vertrauen und erteilt als Erstes der Weisheit eine Rüge: »Die Weisheit ist wie ein Dorftrottel. Wie sie spricht, wie sie herumschwirrt und viel zu nah an die Menschen herangeht, ohne Grenzen ... Ansonsten habe ich mich darauf konzentriert, Herrn A. zu stützen: Er braucht mehr Vertrauen, ich muss ihn nähren, er steht Gott sei Dank so da, dass er auch was von mir kriegen kann.«

Die Repräsentantin der Beraterin lässt die Kritik an der Weisheit nicht gelten: »Ihre Unverfrorenheit tut mir gut!«

Die Weisheit will die Rüge auch nicht auf sich sitzen lassen: »Diese unerträgliche Schwere im Raum, dieses ständige Gerede und die hundert Schlüsse, die da von allen gezogen werden … Ich bin schockiert, dass hier niemand mitbekommt, was Sache ist. Die alten und die neuen Werte sind ja nicht schlecht. Aber sie sind wie Nebelwerfer, die von dem ablenken, worum es hier geht. Und wenn man mich endlich fragen würde, dann kann ich zu Herrn A. nur sagen: Ein verdammt hohes Ross ist das, auf dem du sitzt.«

Auch der Erkenntnis platzt langsam der Kragen: »Ich bin zornig, was soll das hier. Die neuen Werte stehen auf einem völlig falschen Platz!«

Das IT-Unternehmen sitzt kopfschüttelnd am Rand des Bildes und schreibt alles hektisch mit.

»Ich muss mir Notizen machen, es ist alles so unruhig hier. Ich brauche dringend Erklärungen und muss mich ständig anstrengen, dass ich nicht alles verwechsle. Ich hatte Bauchschmerzen, die besser wurden, als die Beraterin kam. Ich habe den Eindruck, dass sie die Einzige ist, die die Firma wirklich im Auge hat. Ich ärgere mich über Herrn A. und möchte, dass Herr T. gestärkt wird. Außerdem sind mir die alten Werte wichtig, da finde ich zumindest lauter vertraute Gesichter.«

Die alten Werte atmen auf: »Das tut uns gut. Wir haben uns bisher geschämt, weil wir dachten, dass uns niemand mehr will.«

Die Beraterin äußert sich mit Wärme in der Stimme: »Ich werde darauf achten, dass ihr angesehen werdet – im wahrsten Sinn des Wortes.«

Die Ordnung, schon vorher schwer belastet, kann inzwischen kaum mehr auf ihren Füßen stehen: »Ich muss mich immer mehr anstrengen, ich gehe jetzt bald in die Knie, ich bin so schwach.«

Am Rand sitzt Gesine M.

»Ich habe sehr vieles wiedererkannt«, sagt sie, »ich frage mich, warum Herr T. sich stark fühlt. Eigentlich steht die Idee im Raum, sein Arbeitsverhältnis zu beenden.«

In dieser Firma muss einiges geschehen. Zunächst einmal mit der Ordnung.

Matthias Varga lässt mit einer Handbewegung die »eigentliche Ordnung« auftauchen und stellt, als alle im Raum erleichtert aufatmen, einen Repräsentanten an diesen Platz. Die ehemalige Ordnung fühlt sich erdolcht und braucht Zeit, um sich wieder zu erholen.

Als Herr T. jetzt spricht, atmen seine Mitarbeiter erleichtert auf.

»Ich werde jetzt immer größer, eine Last fällt von mir ab«, sagt er mit tiefer und sicherer Stimme.

Auch Herrn A. geht es besser, seit die Ordnung wiederhergestellt ist.

»Mein linkes Bein war belastet, jetzt habe ich das Gefühl, dass ich wieder gut stehen kann, ich fühle mich auch nicht mehr so groß.«

Die Weisheit, die immer wieder so spricht, als ob sie sich ausschließlich für die Mitarbeiter interessierte, teilt eine neue Rüge aus: »Solche Rochaden bei den Führungskräften sind demotivierend für die Mitarbeiter.«

Die beiden Führungskräfte werden jetzt für eine Weile nebeneinander gestellt, und Herr A. ist sofort berührt.

»Ich bin so erleichtert«, sagt er, »wenn er neben mir steht, dass ich fast weinen könnte. Das ist schön. Und ich bin froh, dass für die Ordnung etwas getan wurde. Wenn Herr T. gehen müsste, dann würde das unser Arbeitsklima schwer beschädigen. Herr T. und ich müssen gemeinsam überlegen, was wir tun könnten, damit seine Mitarbeiter sich nicht so ducken müssen.«

Herr T. schaut freundlich auf seinen neuen Vorgesetzten: »Ich brauche«, sagt er etwas traurig, »noch etwas Zeit, um mich daran zu gewöhnen, dass ich Zweiter bin. Das ist so ungewohnt für mich. Aber ich bin bereit, mich um meine neuen Aufgaben zu bemühen. Ich fühle mich schon wesentlich handlungsfähiger und habe schon einige gute Ideen. Mir ist auch klar geworden, dass meine Mitarbeiter etwas von den neuen Werten brauchen, den Pep, den Schwung ...«

Die alten und die neuen Werte haben inzwischen erkannt, dass sie beide ihren Platz im Unternehmen haben, dass sie beide wichtig sind, und üben sich in Einigkeit.

Die Beraterin tritt, einer Empfehlung von Matthias Varga folgend, ein Stück zurück, sodass sie nicht mehr zwischen Herrn A. und Herrn T. steht, und sieht sich das Unternehmen von außen an.

»Wenn eine Lücke im System entsteht, dann ist es verlockend, sie unbewusst auszufüllen«, meint Gesine M. zum Abschluss.

(Um eine Wiedererkennung gänzlich auszuschließen, sind auf Wunsch der Klientin die Aussagen der Repräsentanten zum Teil sprachlich verändert worden.)

Systemisches Wissen

Firmen, die strukturelle Veränderungen vornehmen, beachten oft zu wenig, wie es den betroffenen Mitarbeitern mit dem dabei auftretenden Wandel der Firmenkultur geht. Das gilt auch für die Beachtung von »alten Werten«. Sie müssen einen guten Platz im System bekommen, denn vieles, was bisher gut war, hat auf sie aufgebaut.

Herr T. wurde im Zuge einer massiven Umstrukturierung seiner Firma in eine Abteilung versetzt, die ein früherer Mitarbeiter von ihm leitete. Das führt mit großer Wahrscheinlichkeit in jeder Firma zu Problemen und verstößt gegen systemische Ordnungsprinzipien.

Der ursprüngliche Repräsentant der Ordnung ist dadurch sehr belastet und wird zum Teil auch negativ wahrgenommen.

Ähnlich ergeht es den Werten. Die alten Werte werden in den Hintergrund gestellt und schämen sich, weil sie niemand mehr will. Die neuen Werte treten zu rasch in den Vordergrund und »kippen ständig hin und her«. Sie sind noch zu wenig stabil, um eine so dominante Rolle zu übernehmen.

Erst als die »neue Ordnung« kommt, beruhigt sich das System. Herr A. und Herr T. können wieder miteinander kommunizieren, die beiden Werte bekommen einen guten Platz.

Auch die Beraterin, die sich unbewusst in eine Lücke im System gestellt hat, bewahrt nun vom Rand aus einen besseren Überblick.

In dieser Geschichte wird deutlich, dass das Prinzip des Vorrangs des Früheren vor dem Späteren (in wachstumsorientierten Systemen) nicht auf Personen beschränkt werden kann. Hier wird es zum Beispiel mit deutlichem Nutzen auch auf Werte angewendet.

Die Firmenmarke

»Ich habe mit zwei Geschäftspartnern vor sieben Jahren eine Beratungsfirma gegründet, die inzwischen fast nur noch aus der Firmenmarke besteht«, erzählt Richard G. »Der Name ist gut und eingeführt, aber wir haben uns in verschiedene Richtungen entwickelt. Seit sechs Wochen bin ich in einer schweren Krise. Ich frage mich, ob es noch Sinn macht, mit den anderen weiterzuarbeiten, oder ob ich nicht besser meine eigenen Wege gehen soll. Ich habe so viel Zeit und Energie in diese Firma investiert, viel mehr als die beiden anderen. Wenn ich die ganze Kraft, die da hineingeflossen ist, in mich allein investiert hätte, dann wäre ich vielleicht schon ganz woanders.«

»Wart ihr gleichberechtigt an der Gründung der Firma beteiligt?«, fragt Matthias Varga und nickt zufrieden, als klar wird, dass offenbar alle drei Gesellschafter das Unternehmen zur selben Zeit von der Idee zur Realität begleitet haben und daher auch gleiche Rechte haben, was ihre Zugehörigkeit angeht. Eine mögliche Komplikation weniger.

Auf die Frage von Insa Sparrer, ob es noch andere Firmenmitglieder gab, wird Frank genannt, der aber freiwillig und aus eigenen Stücken gegangen sei.

Ich höre zu und bin gespannt, wie es weitergeht, denn ich möchte gern eine Rolle übernehmen, um aus der Innensicht einer Repräsentantin zu berichten.

Die erste Enttäuschung spüre ich, als Richard G. sein Anliegen erzählt und Matthias Varga und Insa Sparrer festlegen, welche Teile durch Repräsentanten dargestellt werden sollen. Keine »echte« Frau dabei, nur Männer, Projekte oder übergeordnete Prinzipien!

Die Aufstellung für Richard G.

- Die Ordnung
- Die Liebe
- Die Erkenntnis
- Die Weisheit als freies Element

In diesen äußeren Rahmen wird die persönliche Aufstellung hineingesetzt, davon ausgehend, dass Aufstellungen leichter werden, wenn man übergeordnete Prinzipien als mögliche Kraftquellen zu Hilfe holt, indem man sie ins Aufstellungsbild einbezieht (siehe »Anleitung für Einsteiger«).

- Richard G.
- Wolfgang, Partner von Richard G.
- Michael, Partner von Richard G.
- Frank, der schon ausgeschiedene Partner
- Die Freelancer (die freien Berater)
- Die Firmenmarke
- Ein mögliches großes Projekt

Später ergänzt:

- Die Ordnung, wie sie ursprünglich gedacht war

Eine interessante Rolle nach der anderen wird vergeben. Ich wäre wenigstens gern die Liebe oder die Erkenntnis gewesen, aber Richards Blick geht an mir vorbei. Jetzt kann ich nur noch auf die Firmenmarke hoffen oder auf das mögliche große Projekt der Zukunft. Ich ducke mich, als die Freelancer ausgewählt werden. Auf keinen Fall so eine unwichtige Aufgabe ...

Bilder in den Raum gestellt
Renate Daimler erzählt als Repräsentantin der Freelancer

Es hat mir nichts genützt, ich bin die Freelancer und werde mich hier wahrscheinlich nur langweilen. Meine Rolle, bei der ich nicht einmal in den Raum gestellt werde, sondern als gewählte Repräsentantin gebeten werde, am Rand sitzen zu bleiben und zuzusehen, scheint mir ohne Bedeutung zu sein. Leichter Unmut kommt auf, und ich beschließe, wenigstens meinen Computer aus dem Hotelzimmer zu holen, damit ich »nebenbei« noch ein wenig von der Aufstellung mitschreiben kann.

Kaum habe ich den Seminarraum verlassen, werde ich nervös, denn es ist ganz schlecht für meine berufliche Karriere als Freelancer, wenn ich nicht alles beobachte, was in der Firma passiert. Ich muss mich beeilen, sonst verliere ich den Anschluss.

Mit einem kleinen Lächeln als Person in der Außenwelt bemerke ich, dass ich schon ganz tief in meiner Rolle bin, und laufe schnell zurück.

Ich lasse mich atemlos wieder auf meinen Stuhl fallen und komme gerade dazu, als die Erkenntnis direkt vor meine Nase gestellt wird und mir die Sicht versperrt. Sie trägt einen schwarzen Pulli, und ich fühle mich von ihr bedroht. Ein Stück weiter entfernt entdecke ich die Liebe in einer roten Jacke. Sie schaut freundlich, und ich bin erleichtert, sie zu sehen.

Zwischen den beiden steht der Repräsentant von Richard, und ich merke, dass es für mich angenehm ist, wenn ich versuche, die störende Erkenntnis auszublenden und nur ihn mit der Liebe gemeinsam zu sehen. Ich bin total auf ihn fixiert und denke mir, wenn er mich so gern mag wie ich ihn, dann steigen meine Chancen, in der Firma besser Fuß zu fassen.

Und das will ich. Das ist ganz klar. Und nichts anderes. Ich habe ganz stark meinen eigenen Vorteil im Sinn. Aber ich mag Richard wirklich. Er ist mir als Mensch vertraut, sympathisch, und ich spüre echte Zuneigung zu ihm. Meine Position ist mir dennoch viel zu unwichtig. Ich möchte mit ihnen dort im Raum stehen, ich möchte zum engeren Team gehören.

Als die Ordnung, die im Dreieck mit den anderen Ordnungsprinzipien steht, spricht, wundere ich mich. Sie fühlt sich von der Firmenmarke, die inzwischen aufgestellt wurde, eingeengt. Was hat das mit Ordnung zu tun?

»Mir geht es gut«, sagt sie. »Aber ich sehe nur zur Türe hin und denke mir, Tür auf, raus und die Treppe runter!«

Die Firmenmarke, die fast genau in die Mitte des Raumes gestellt wurde, gibt mir ebenfalls Rätsel auf. Ich bin erstaunt, wie klein, unscheinbar und gleichzeitig freundlich sie ist. Ich hatte bisher gedacht, dass sie etwas Großes, Mächtiges sei, etwas, das man vor sich herträgt, um wichtig zu erscheinen.

Jetzt spricht Richard, und ich fühle mich in meiner engen emotionalen Verbindung mit ihm bestätigt. Denn auch er mag die Erkenntnis nicht und beschwert sich, dass ihm eiskalt wurde, als sie hinter ihm sprach. Auch er findet die Liebe angenehm, tauft sie allerdings zu meinem Erstaunen in »Vertrauen« um, was ich ein bisschen unpassend finde. Die Ordnung macht ihm Angst, und er klagt über Rückenschmerzen. Ich habe keine Angst vor der Ordnung, spüre aber plötzlich – offenbar aus Solidarität – ebenfalls Rückenschmerzen.

Jetzt spricht Richard über die Firmenmarke, und mein Erstaunen wächst.

»Ich finde sie wunderbar«, sagt er, »aber sie ist klein und schwach, dafür aber schelmisch und ganz warm.«

Die Idee von der großen Marke, unter deren Fittichen ich Schutz suchen könnte, zerplatzt. Der Laden hier scheint ganz anders zu funktionieren, als ich dachte.

Jetzt kommt Wolfgang, einer der beiden Partner. Mein Gott, was für eine schläfrige Figur. Er tappt herein, die Augen fast geschlossen, und in mir stellt sich die Frage: Warum er und nicht ich? Der ist ja völlig ungeeignet.

Als er spricht, bestätigt sich mein Vorurteil: »Ich bin müde, ich wäre fast eingeschlafen, und ich habe an ständig wechselnden Stellen im Körper so etwas Ähnliches wie rheumatische Beschwerden.«

Richard reagiert auf sein Erscheinen aggressiv: »Seit Wolfgang neben der Firmenmarke aufgetaucht ist, hat er meine ganze Aufmerksamkeit von ihr abgezogen. Er ist distanziert, massiv, ich kann ihn nicht einschätzen und erlebe das als sehr unangenehm.«

Mit Michael, dem zweiten Partner, wird alles noch schlimmer. Sein ganzer Körper ist seltsam verkrampft und nach hinten gelehnt, als ob ein Sog ihn aus dem Raum zöge. Den Bauch vorgestreckt, sieht er in seiner grauen Leinenjacke wie ein Sack aus, der gleich hinausgetragen wird, um entsorgt zu werden. Eine jämmerliche Figur. Jetzt behauptet er auch noch, dass Richard total verkrampft dastehe, und ich muss mich beherrschen, nicht laut hinauszulachen, denn diese Beschreibung trifft eher auf ihn selbst zu. Als er von einer Wasserleiche spricht, die auf der Strecke geblieben sei, denke ich sofort an Frank.

Frank, der schon länger aus der Firma ausgeschieden ist, sitzt irgendwo am Rand und sieht ziemlich traurig aus. Er erzählt, dass ihm schlecht wurde, als die Ordnung kam, dass er sich von Richard bedroht fühlt und sich gern verstecken möchte. Wolfgang verursacht ihm Übelkeit, und als die Marke kam, sei er traurig geworden.

Die Firmenmarke hat sich inzwischen dort, wo sie stand, hingesetzt. Ich kann verstehen, dass ihr das alles zu viel ist. Sie sagt, dass sie sich wackelig fühlt, das Ganze chaotisch findet und sich an ihrem Platz bedroht sieht.

»Schade, dass Richard nicht zur Erkenntnis schaut, sie könnte ihm helfen«, sagt sie. Und mit einem Blick auf die Weisheit, die sich gerade zu ihr stellt: »Nur wenn sie ständig in meiner Nähe bleibt, kann ich es hier aushalten.«

Auch die Erkenntnis scheint etwas strapaziert zu sein und bittet um einen Stuhl.

Plötzlich ist mein Blick frei, und ich sehe direkt zu Wolfgang hinüber, der inzwischen etwas wacher wirkt. Unsere Blicke treffen sich, er sieht mich interessiert an, und mir fällt es wie Schuppen von den Augen: Meine tiefe Verbundenheit, aber auch meine Abhängigkeit von Richard hat mir den Weg zu ihm verstellt. Ich merke, dass ich auch gern mit ihm arbeiten würde, und fühle mich zerrissen in meinem Loyalitätskonflikt. Ich möchte Richard nicht verletzen, aber eine Erweiterung meiner Möglichkeiten wäre für mich sehr attraktiv. Mir ist klar, dass ich im Firmengefüge nur ein kleines, unwichtiges Rädchen bin. Meine Chancen steigen, wenn ich mein Arbeitsfeld erweitern kann.

Jetzt meldet sich das mögliche große Projekt, das bisher nichts gesagt hat, zu Wort und klagt über starke Übelkeit und dass es hinausgehen und ein Glas Wasser trinken möchte. Und ganz nebenbei bemerke ich, dass die Weisheit, die am Anfang über kalte Hände geklagt hat, jetzt sehr beschäftigt ist. Sie geht hierhin und dorthin und bemüht sich ständig, jemanden im System zu stützen. Das ist auch dringend notwendig, denn hier tun sich wirklich Abgründe auf. Ich bin froh, dass ich draußen sitze und mir das Schauspiel aus der Ferne ansehen kann.

Allmählich aber reicht es mir doch. Es muss etwas geschehen! Ich muss sonst um meine externe Beratertätigkeit fürchten, weil die Gesellschafter im Begriff sind, ihre Firma zu zerstören.

Die Aufstellungsleiter scheinen meinen stummen Hilferuf gehört zu haben und schaffen endlich Ordnung. Richard wird gebeten, einen großen Schritt vorzutreten, und er steht jetzt direkt der Ordnung gegenüber. Ich atme auf. Gott sei Dank. In dieser Sekunde wird die Erkenntnis, die immer noch dicht vor mir steht, für mich ganz leicht. Es war also gar nicht sie, sondern Richard, der diese Schwere ausgestrahlt hat.

Nun geht es Schlag auf Schlag. Die Ordnung, die sich so seltsam geäußert hat, entwickelt sich zu jemandem, dem Richard viel verdankt, und wird gebeten, ein Stück zur Seite zu treten.

»Es tut mir gut, dich zu sehen, und bitte schau freundlich auf mich, wenn ich jetzt meine eigene Ordnung finde«, sagt er und muss es wiederholen, damit die alte Ordnung ihm seine Wertschätzung wirklich glaubt.

Und jetzt ist sie da. Die wirkliche, echte Ordnung, so wie sie ursprünglich gedacht war. Ich bin tief beeindruckt. Sie strahlt, sie ist groß, sie ist sicher, sie wird alles hier ins rechte Lot bringen.

Aber so einfach scheint es nun doch nicht zu sein, weil Richard sie ganz anders sieht als ich.

»Du bist ein fremdes Format«, sagt er zu ihr in kühlem Ton. Und schränkt dann ein: »Aber freundlich und attraktiv.«

Richard, von den Aufstellungsleitern darum gebeten, nimmt die Firmenmarke an der Hand und mit der »echten Ordnung« im Rücken geht er zuerst zu Wolfgang und dann zu Michael.

»Das ist die Firmenmarke, die wir gemeinsam geschaffen haben. Auch wenn das jetzt schon sieben Jahre her ist, bin ich mir noch immer nicht im Klaren, wie viel Gemeinsames ich will, wie viel Gemeinsames wir wollen. Und das möchte ich nun herausfinden.«

Wolfgang ist gerührt und antwortet: »Ich möchte, dass du weißt, dass ich mich dir ganz unabhängig von unserer gemeinsamen Marke nahe fühle, dass mir unsere Freundschaft wichtig ist. Es würde mich glücklich machen, wenn du das verstehst.«

Während er spricht, tritt Michael aggressiv einen Schritt zurück und entfernt sich aus dem Kreis seiner Kollegen, als ob ihn Richard zutiefst beleidigt hätte: »Jetzt bin ich schon wieder ausgeschlossen, er schaut mich nicht einmal an.«

Matthias Varga fragt den am Rand sitzenden echten Richard: »Hat dein Geschäftspartner einen Grund, warum er so verletzt reagiert? Gibt es doch eine andere zeitliche Reihenfolge, in der ihr dazugekommen seid? Ich dachte, ihr habt das Unternehmen zu dritt gegründet!«

Richard denkt nach und erinnert sich dann zögernd: »Nein, es war doch anders. Michael hat ganz am Anfang mit mir gemeinsam den Firmennamen und das Logo entwickelt, es ging von ihm aus. Kurz danach, aber noch vor der tatsächlichen Gründung, kam Wolfgang.«

Diese drei Männer haben ein Problem, das hier kaum zu lösen ist. Sie können einander nicht ansehen, sie sind nicht bereit, gemeinsam auf ihre gemeinsame Firma zu schauen. Es wird viel geredet, viel verletzt, und es wird klar, dass Richard, der am meisten Arbeit investiert hat, unbewusst den gemeinsamen Namen für sich allein in Anspruch nimmt, obwohl er ihm nicht gehört.

Es wird Zeit für ein Wunder. Jetzt sitzen sie alle im Kreis.

Und Matthias Varga beginnt mit einer Stimme, die mich ganz ruhig und friedlich macht, zu sprechen: »Stellt euch vor, es ist Abend, und es wird langsam Nacht. Ihr seid nach Hause gegangen und habt euch zur Ruhe begeben, so wie es euren Gewohnheiten entspricht. Und – mitten in der Nacht – geschieht das Unwahrscheinliche, dass das, was jetzt so unlösbar scheint, sich einfach löst und vielleicht vieles darüber hinaus. Und es ist tiefe Nacht, und weil jeder von euch gut schläft, merkt ihr nicht, dass dieses Wunder geschehen ist. Und jetzt, wo das Licht kommt und es wieder Morgen ist, woran werdet ihr merken, dass das Wunder geschehen ist und die Schwierigkeiten verschwunden sind? Was ist dann anders?«

Richard spricht zuerst, und meine Gefühlswelt ist wieder in Ordnung. So mag ich ihn, so liebevoll und klar. Und die Erinnerung an meine Loyalität zu ihm kehrt zurück.

»Ich merke«, sagt er, »dass es für mich wichtig ist, meine Freundschaft zu Wolfgang getrennt von der Firma zu betrachten. Und was immer dann mit der Firma geschieht, das, was zwischen uns da ist, ist mir kostbar. Ich bin mir auch sicher, dass Michael hier seinen Platz finden muss, egal, wie unsere private Beziehung läuft. Er ist das kreative, fröhliche Element in unserem Team. Ohne ihn macht die Firma keinen Sinn. Ich weiß jetzt auch, dass wir die Geschichte mit Frank noch klären müssen. Wenn ich das Gefühl habe, dass all das glückt, dann kann es hier gut weitergehen. Aber neu. Die alten Bahnen stimmen nicht mehr. Und wenn es nicht glückt, dann muss ich mich von unserer gemeinsamen Marke verabschieden. Sie ist nicht meine Marke. Ich kann sie nicht mitnehmen. Das bringt Unglück.«

Wolfgang spricht als Nächster, und Michael ist trotz des Wunders sofort irritiert und zieht seinen Stuhl ein Stück zurück.

»Ich habe in der Nacht, als ich schlief, die Weisheit getroffen. Und mit ihr ist mir ein Licht aufgegangen. Ich habe ganz viele neue Ideen, was unsere gemeinsame Marke betrifft. Wir würden uns zusammensetzen und gemeinsam diese Ideen überprüfen. Auch die Freelancer wären dabei«, er zeigt dabei auf mich. »Wir würden sie mehr einbeziehen. Mit Michael wird es vielleicht schwierig. Ich weiß nicht, ob ich mit meinen neuen Ideen bei ihm durchkommen kann. Aber wenn es nicht glücken sollte, dann klärt sich zumindest etwas. Und damit bin ich auch zufrieden. Ich fühle mich jetzt viel freier. Ich habe das Gefühl, ich kann die Klärungsprozesse gelassen auf mich zukommen lassen. Außerdem bleibt mir immer noch eine neue Kooperation, vielleicht mit den Freelancern, dorthin habe ich einen guten Kontakt.«

In mir passiert etwas Erstaunliches. Eigentlich müsste ich jetzt vor Freude jubeln, dass Wolfgang die Möglichkeit in Erwägung zieht, mit mir eine eigene Firma zu gründen, weg von der alten Marke. Aber das Wunder hat auch bei mir gewirkt. Meine egoistische Haltung, nur an meinen eigenen Vorteil zu denken, hat sich verwandelt. Ich bin plötzlich liebevoll und spüre mich dem Ganzen verantwortlich. Es fühlt sich fremd, aber bewegend und schön an. Als ob ich in einer neuen Dimension denken und fühlen könnte.

Michael reißt mich aus meinem entspannten Wohlbefinden: »Ich sage nichts. Ich will mit Richard alleine reden. Ich brauche ein Gespräch mit ihm, wo all das, was passiert ist, geklärt wird. Dann erst kann ich Wolfgang und seinen neuen Ideen zuhören.«

Auch Frank scheint an alten Verletzungen zu laborieren: »Für mich wäre die Beziehung zu Wolfgang nach dem Wunder besser, da ist noch einiges offen geblieben.«

Die Firmenmarke ist sich nicht sicher, ob sie überhaupt eingeschlafen ist, weiß aber, dass sie sich wohler fühlen könnte, wenn alle anderen sie endlich so anstrahlen wie Michael.

»Aber im Zweifelsfall«, sagt sie und lächelt ihn freundlich an, »würde ich auch mit ihm alleine was machen.«

Auch das mögliche große Projekt will ohne Michael nicht bleiben.

»Er ist so etwas wie ein kreativer Störenfried«, sagt es, »die anderen sind viel zu sehr im Kopf. Bei ihm ist die Lebendigkeit, die Firma braucht ihn.«

Ich fange an, den Dritten im Team mit anderen Augen zu sehen, und habe plötzlich Lust, auch mit ihm zusammenzuarbeiten. Ich freue mich über diesen neuen, weiten Horizont und lehne mich zurück.

Jetzt kann nichts mehr passieren. Ich höre nur noch nebenbei zu, wie jeder jedem die richtigen Sätze sagt. Auch Erkenntnis, Ordnung, Liebe und Weisheit äußern sich in ihrem Schlusswort wohlwollend. Eine friedliche Zukunft, in der auch ich einen guten Platz haben werde, tut sich auf.

Doch dann, wie in einem Theaterstück, wo man irrtümlich glaubt, dass nach der Liebesszene der Vorhang fällt, kommt Tullius Destruktivus. Diese Figur aus Asterix, die unglückseligerweise immer wieder neues Chaos anrichtet. Hier in der Gestalt des »echten« Richard, der jetzt, im letzten Bild, gegen seinen Repräsentanten ausgetauscht wird.

Ich bin fassungslos, dass er das Porzellan, das gerade mühevoll gekittet wurde, wieder zerschlägt, und wünschte, sein Double wäre noch da.

Er setzt sich in den Kreis, und Insa Sparrer fragt ihn, ob er von seinen Repräsentanten noch etwas wissen will.

»Ja, von dir, Wolfgang«, beginnt er. »Ich möchte wissen, ob du mir sagen kannst, wie es mit uns weitergeht.«

Wolfgang spricht warm und weich: »Ich werde von nun an mehr auf mich selbst achten und versuchen, mehr bei mir zu sein. Ich bin nicht sicher, wie es mit unserer Firma weitergeht, aber ich weiß, dass unsere Freundschaft erhalten bleibt. Das Wichtigste ist für mich die neue Freiheit, die mir eine Klärung erst möglich macht.«

In diesem Moment fällt mit einem Knall der Stuhl um, auf dem Michael saß.

»Jetzt hast du mich schon wieder verraten!«, schreit er. »Zum zweiten Mal. Ich wollte, dass du zuerst mit mir sprichst, und dann erst mit ihm. Du übergehst mich schon wieder!«

Richard versucht vergeblich zu retten, was nicht mehr zu retten ist: »Ich weiß jetzt, dass ich keinen Besitzanspruch auf die Marke habe, auch wenn ich viel geleistet habe. Es ist auch deine Marke, sie gehört dir genauso, und das erkenne ich jetzt an.«

Zu spät.

Michael hört nicht mehr zu.

Ich bin frustriert. Die ganze Zukunft der Firma zerstört und mit ihr auch ein Stück meine eigene. Alles umsonst.

Doch dann nimmt die Geschichte eine Wende, und ich lerne

etwas für mein Leben: Wenn ich meine Haltung ändere, dann ändert sich die ganze Welt.

Richard wird gebeten – als ob er eine Szene, die nicht ganz geglückt ist, bei den Dreharbeiten für einen Film wiederholte –, seinen Auftritt in der Runde noch einmal zu versuchen.

Doch vorher schickt ihn Matthias Varga noch zur Liebe: »Sieh in ihre Augen, und erinnere dich an alles, was gut war zwischen Michael und dir. Und nimm aus ihren Augen, so viel du nehmen kannst.«

Nun spricht Richard, und seine Stimme wird fast zärtlich. Er erzählt von schönen Abendessen, von kreativen Gesprächen und einem Klima des Vertrauens, aus einer Zeit, als alles noch gut war.

»Und mit diesem Wissen genährt, geh jetzt zu Michael zurück«, schlägt Insa Sparrer vor.

Ich merke, dass ich während der ganzen Szene den Atem angehalten habe, und versuche mich wieder zu entspannen. Wenn Richard jetzt die richtigen Worte findet, dann ist alles gerettet.

Ich sehe zu, wie Michael sich ein Stückchen näher setzt, als die beiden miteinander sprechen, sehe, wie er im Gespräch eine Hand auf Richards Knie legt.

Dann sagt er: »Wenn es so ist zwischen uns, dann kannst du von mir alles haben, vielleicht sogar die Firmenmarke.«

Systemisches Wissen

> Ob eine Firmenmarke, ein »Geschäftslabel«, aufgegeben oder weitergeführt werden soll, ist nicht nur von äußeren Faktoren wie etwa der Marktlage oder dem bisherigen Erfolg abhängig. Wesentlich ist auch die Beziehung der am Aufbau beteiligten Personen untereinander. Hier spielt das Prinzip der zeitlichen Reihenfolge eine wichtige Rolle.

Diejenigen, die mit dem Aufbau der Marke begonnen haben, sollten auch als die Ersten gewürdigt werden. Selbst wenn andere später mehr Zeit und mehr Ideen für die Entwicklung der Marke einbrachten, so bleiben sie dennoch die ersten. Dadurch wird die Voraussetzung für eine wirksame Würdigung von Einsatz und Leistung geschaffen. Die Geschichte zeigt, dass unter der Annahme, dass ein Wunder geschähe, diese Würdigung stattfinden konnte und der Weg zu einer Lösung des Problems frei wurde.

Freundschaften spielen in Unternehmen eine ähnliche Rolle wie das Familiensystem bei Familienunternehmen. Sie sind ein privater Kontext, der den beruflichen Kontext beeinflusst. Entscheidend ist hier die Klarheit darüber, was aus der Sicht der Firma das jeweils angemessene Verhalten, die angemessene Sicht wäre und was mit Rücksicht auf den privaten Kontext angemessen wäre, und das auch dann, wenn sich die beiden Sichtweisen widersprechen.

Aus systemischer Sicht ist es wichtig, solche Gegensätze nicht sofort aufzulösen, sondern zunächst einmal klar zu sehen, sodass durch diese Klarheit unbewusste Ansprüche und Verletzungen deutlich werden können. Erst auf dieser Grundlage kann dann nach geeigneten Formen des Ausgleichs und der Versöhnung Ausschau gehalten werden. Und manchmal ergeben sich so sogar in besonders schwierigen Konstellationen erstaunlich großherzige Formen der Kooperation.

In dieser Geschichte spielt die Anerkennung der zeitlichen Reihenfolge eine entscheidende Rolle. Auf dieser Grundlage konnten dann unzureichend gewürdigte Formen von Einsatz und Leistung angemessen anerkannt werden.

Das Geheimnis

»Ich berate einen englischen Konzern mit zweihunderttausend Mitarbeitern«, erzählt Patrick C. in fast akzentfreiem Deutsch, das er seiner Wiener Mutter verdankt. »Es geht um einen großen Veränderungsprozess, bei dem mehrere Abteilungen ausgegliedert und als eigene Firmen in die Selbstständigkeit geführt werden sollen. Und hier beginnt für mich das Rätsel. Ich betreue im Augenblick zwei dieser Firmen intensiv. Sie haben beide etwa neunhundert Mitarbeiter, die Struktur des Managements ist identisch, die Produkte, die sie herstellen, sind ähnlich. Man könnte sagen, es handelt sich um Zwillingsschwestern. Mit beiden Firmen habe ich genau dieselben Veranstaltungen durchgeführt: für die Führungskräfte Visionsbildung, Leitbilderstellung, Werteklärung, Teambildung und so weiter. Am Ende gab es dann jeweils eine Großveranstaltung für alle Mitarbeiter, mit Informationsteil und Unterhaltungsprogramm.

Bei der einen Firma lief alles butterweich. Der Veränderungsprozess war ein positiver Selbstläufer, die Mitarbeiter strotzten nur so vor Eigeninitiative, sie brauchten eigentlich kaum Unterstützung.

Bei der Schwesterfirma gab es von Anfang an nur Probleme. Widerstände, Misstrauen, ängstliche Mitarbeiter, ständig Grundsatzdiskussionen, viel Gerede hintenherum ...

Die Stimmung dort ist eine Katastrophe. Das spiegelte sich

auch bei den Besucherzahlen der Großveranstaltung wieder. In der einen Firma folgten der Einladung mehr als siebenhundert Mitarbeiter, in der andern waren es nur vierhundert.

Der einzige Unterschied, den ich feststellen kann, ist der, dass der Geschäftsführer der Firma, in der alles schief läuft, eine gewisse Führungsschwäche hat. Aber das reicht meiner Meinung nach nicht aus für diesen krassen Unterschied. Da steckt mehr dahinter. Außerdem gibt es ja auch noch die fünf Bereichsleiter, die einen kompetenten Eindruck machen. Jeder von denen führt ungefähr hundertsiebzig Mitarbeiter.

Die Kunden – und das sind viele Tausende – bekommen die schlechte Stimmung zu spüren und haben zum Teil schon bei der Konzernleitung ihre Unzufriedenheit deponiert.«

Matthias Varga, der schon während Patrick C. seine Geschichte erzählt, die handelnden Personen auf das Flipchart schreibt, fragt zum Schluss noch, was denn das Ziel der Aufstellung sein soll.

»Klarheit«, antwortet Patrick C. in englischer Knappheit und findet nach längerem Nachdenken doch noch einen Zusatz: »Und meine Rolle in diesem Prozess möchte ich definieren. Der Vorstand des Konzerns will mich als Antreiber sehen, ich soll sogar personelle Entscheidungen treffen. Das will ich nicht. Ich sehe mich als Unterstützer des Prozesses, als der, der dabei hilft, die neue Struktur umzusetzen.«

Die Aufstellung für Patrick C.

- Der Vorstand des Konzerns
- Der Geschäftsführer der Firma
- Bereichsleiter A., seit fünfzehn Jahren dabei
- Bereichsleiter B., seit fünfzehn Jahren dabei, kooperiert stark mit A.

- Bereichsleiter C., seit fünfzehn Jahren dabei, kooperiert stark mit A.
- Bereichsleiter D., seit zwanzig Jahren dabei
- Bereichsleiter E., seit acht Jahren dabei
- Das mittlere Management, nicht länger als acht Jahre dabei (zwanzig Personen bekommen einen Repräsentanten)
- Das Ziel: die Klarheit

Später ergänzt:

- Der Veränderungsprozess
- Das, worum es wirklich geht

Bilder in den Raum gestellt

Eine Arena, die auf der einen Seite des Halbkreises mit dem Vorstand des Konzerns beginnt und auf der anderen Seite mit dem Ziel »die Klarheit« endet. Dazwischen, aufgefädelt wie auf einer Perlenreihe, stehen der Geschäftsführer, alle Bereichsleiter, das mittlere Management und Patrick C., der Berater.

Nur die »Klarheit« scheint nicht von dem Geschehen in der Arena gefesselt zu sein. Sie wirkt eigenständig und hat als Einzige auf der anderen Seite des Halbkreises einen freien Platz, von dem aus sie alle anderen sehen kann.

Noch ehe irgendjemand spricht, wird sichtbar, dass die persönlichen Befindlichkeiten, die Loyalitäten, die Konkurrenz, die sich in diesem Aufstellungsbild zeigen könnten, nur Nebenthemen sind. Alle Mitarbeiter der Firma starren in den leeren Raum in der Arena. Die ovale, große Fläche ist so stark mit Energie gefüllt, dass Matthias Varga, der sich für einen Augenblick hineinstellt, sofort an den Rand der Aufstellung tritt und seinen Körper mit den Händen abstreift.

»Es ist, als ob es hier eine dichte Glasglocke gäbe.«

Der Repräsentant des Geschäftsführers legt seine Stirn in noch besorgtere Falten. Er wirkte schon verunsichert, als er in den Raum geführt wurde, und schien sich seiner Schritte nicht sicher zu sein.

Direkt neben ihm, erstaunlich nahe, steht Bereichsleiter A., nur eine Spur zurückversetzt. Als ob es kaum einen Hierarchieunterschied zwischen den beiden gäbe.

Bereichsleiter B. und C. stehen brav mit Abstand zum Geschäftsführer eng hintereinander und scheinen sich gegenseitig zu unterstützen.

Bereichsleiter D., der am längsten in der Firma ist, setzt den Kreis der Arena mit einem Stück Abstand zu den beiden anderen Bereichsleitern fort und hat dafür eng an seiner Seite Bereichsleiter E., der erst seit acht Jahren dabei ist.

Der Vorstand des Konzerns, der neben dem Geschäftsführer rechts außen die Rundung der Arena anführt, schaut am anderen Ende direkt auf den Berater und scheint als Einziger von der Glasglocke nicht ganz so stark irritiert zu sein.

Patrick C. ist es dafür umso mehr.

»Ich fühle mich wackelig, mir geht es schlecht«, sagt er und starrt in das leere Feld.

In einer ersten Befragung kommen zwar auch Rivalitäten und Animositäten zur Sprache, aber das Thema, das alles überschattet, ist dieser große leere Raum in der Mitte, der alle in dieser Firma magisch anzieht. Nur der Vorstand bleibt weiter cool.

»Der Junge soll endlich laufen lernen«, meint er über seinen Geschäftsführer. Und dann, nach einer kleinen Pause: »Mir geht es gut, ich bin über alles erhaben.«

Der »Junge« bezeichnet sich als Puffer gegen den Vorstand und fühlt sich von A. bedroht, aber auch ein Stück gewärmt. Und A. hat »ein gutes Verhältnis zur Geschäftsleitung«, findet aber selbst seinen Platz »zu nahe und unangemessen«.

B. klagt über einen trockenen Mund, sieht nur den Konzernvorstand und weiß nicht, was der denkt. C. gibt an, dass er B.

schützen muss, der vor ihm steht, weil der ihn als Gegenleistung vor den Blicken des Vorstands schützt.

D., durch seine lange Firmenzugehörigkeit nicht gestärkt, sondern eher resigniert, äußert sich: »Ich habe mich schon verabschiedet, innerlich schon gekündigt. Das Einzige, was mich hier noch interessiert, ist das, was hier in der Mitte des Raumes stattfindet.«

Matthias Varga stellt den »Veränderungsprozess« auf, vielleicht kann er Aufschluss über das seltsame Energiefeld in der Mitte des Raumes geben. Der Veränderungsprozess kommt.

»Um mich geht es hier nicht«, sagt er mit Bestimmtheit. »Die schauen alle auf etwas anderes. Das, worum es hier wirklich geht, ist hinter der Glasglocke verborgen.«

Kryptische Worte, die von mehreren im Team bestätigt werden.

»Das stimmt«, sagt zum Beispiel das mittlere Management. »Der Veränderungsprozess bedroht uns ein Stück, aber dieser Platz in der Glasglocke ist immer noch leer.«

Matthias Varga stellt »Das, worum es wirklich geht« auf. Die Luft in der Glasglocke vibriert, es scheint, als ob mit dieser Repräsentantin eine völlig andere Gefühlsqualität in die Firma kommt.

»Als ich hierher kam«, erzählt sie mit bewegter Stimme, »öffnete sich vor mir ein Loch, und ich versuchte hineinzusinken. Aber dann kam die Klarheit. Und darum bleibe ich jetzt hier stehen.«

Die »Klarheit« nimmt sich des Wesens, das sehr verletzlich wirkt und Schamgefühle äußert, liebevoll an: »Es ist wichtig, dass ich sie von hinten stütze.«

Matthias Varga fragt nach einer Zahl, und »Das, worum es wirklich geht« sagt sofort, wie aus der Pistole geschossen: »Zehn.«

Der echte Patrick C., der fasziniert am Rand sitzt, wird gefragt, ob er von einem Ereignis in der Firma weiß, das vor zehn

Jahren oder vor mehr als zehn Jahren diese Erschütterung der gesamten Belegschaft bewirkt haben könnte.

Patrick C., der Berater, schüttelt den Kopf: »Nein, damals war ich noch nicht dabei.«

Der Repräsentant von Patrick C. ist dennoch erleichtert: »Als ›Das, worum es wirklich geht‹ kam, konnte ich endlich aufatmen. Sie gehört in die Mitte. Es ist wichtig, dass alle sie sehen können.«

Dafür braucht es allerdings eine so genannte Entschleierung.

»Stellt euch vor, dass etwas, was die ganze Zeit schon dazwischen war, jetzt zur Seite gezogen würde, so wie ein großer Vorhang«, sagt Matthias Varga und zieht mit einer Handbewegung vor »Das, worum es wirklich geht« einen imaginären Schleier weg. »Was verändert sich dann?«

Jetzt kommen bei der ganzen Belegschaft Mitgefühl und Trauer auf, der Wille hinzusehen, Erleichterung, dass das Verborgene sichtbar geworden ist. »Das, worum es wirklich geht« verliert sein Schamgefühl und ist froh, dass es jetzt endlich gesehen wird.

Der Veränderungsprozess äußert sich mit Nachdruck: »Ich gehe nicht auf die Bühne und wickle mein Programm ab, solange das hier nicht gelöst ist.«

Die »Klarheit« ist dennoch zufrieden und sieht ihr Ziel im Augenblick erreicht: »Ich könnte jetzt auch aus dem Bild gehen und wäre trotzdem präsent ...«

»Du hast jetzt Klarheit darüber«, sagt Matthias Varga zu Patrick C., »dass es in dieser Firma ein Geheimnis gibt, das den Veränderungsprozess erschwert. Vielleicht lässt sich das Rätsel lösen, damit deine Arbeit auf fruchtbaren Boden fallen kann.«

Was Patrick C. fünf Monate später erzählte

Ich habe die Bilder der Aufstellung mit in meine Arbeit genommen und immer wieder bei meinen Coachings gezielte Fragen gestellt, um »Das, worum es wirklich geht« herauszufinden. Das Ergebnis ist erstaunlich, aber gibt mir immer noch Rätsel auf.

Es wurde mir klar, dass das Problem mit der Konzernmutter zu tun haben muss und nicht direkt im Bereich der Firma liegt. Ich kann diesen gebannten Blick bei den Mitarbeitern jetzt in manchen Situationen wieder finden, das Unbehagen und die Angst. Es genügt, dass eine kleine Notiz in der Zeitung steht, dass jemand ein Gerücht ausstreut, dass der Konzern dies oder jenes planen könnte, und schon tritt eine irrationale Panik auf. Dann fallen Sätze wie: Wir sind ja nur Marionetten, wir sind ja nur am Gängelband und Ähnliches.

Es muss in der Vergangenheit schwere Verletzungen gegeben haben, Handlungen, die die ganze Belegschaft, jedenfalls jene, die schon länger als zehn Jahre dabei sind, vollkommen verstört haben. Aber niemand konnte mir bisher sagen, worum es dabei ging. Sind sie überrumpelt worden, fühlen sie sich verkauft? Ich weiß es nicht. Aber ich forsche weiter.

Ein anderes, wichtiges Detail aus der Aufstellung hat sich später bestätigt. Bereichsleiter A., der zu nahe beim Geschäftsführer stand, war tatsächlich für diesen Posten im Gespräch und übt, weil er ihn nicht bekommen hat, auf seinen Chef starken Druck aus. Er intrigiert, macht unerlaubte Übergriffe, indem er zum Beispiel einem neuen Bereichsleiter, der nicht nach seiner Pfeife tanzen will, droht. Er steht tatsächlich noch immer am falschen Platz und schwächt die Position des Geschäftsführers.

Eine bedrohliche Entwicklung gibt es auch in der Schwesterfirma, die bisher gut florierte. Letzte Woche wurde plötzlich, über Nacht und ohne Begründung, vom Mutterkonzern der

Geschäftsführer entlassen. Seither bemerke ich bei den Mitarbeitern dort ähnliche Symptome. Ich bin besorgt, dass dort jetzt etwas Ähnliches passiert.

Nachtrag acht Monate später

Ich bin jetzt ein Stück weiter gekommen, auch wenn noch immer einiges im Dunkeln bleibt. Ich habe erfahren, dass dem Geschäftsführer der Schwesterfirma gekündigt wurde, weil der Konzernmutter sein Führungsstil nicht gepasst hat. Inzwischen verdichten sich die Beschwerden der Mitarbeiter, dass ständig von oben hineinregiert wird, dass sie immer wieder unter Druck gesetzt werden. Der Satz »Wir sind ja nur Marionetten« fällt immer öfter.

Systemisches Wissen

Zwei Firmen, fast wie Zwillingsschwestern. Die eine vollzieht den Veränderungsprozess in die Selbstständigkeit mühelos, in der anderen kommt es zu Unruhe und Unsicherheit. Die Geschichte zeigt klar, dass im »unsichtbaren Firmennetz« der einen Firma etwas geschehen sein muss, was die Mitarbeiter irritiert. Alle starren auf eine Fläche, die erst »richtig besetzt« wird, als »Das, worum es wirklich geht« auftaucht. Ein Ereignis, das vermutlich länger als zehn Jahre zurückliegt, denn das ist die Zahl, die dieses Element nennt. Und auch für den Berater ist klar, dass es so lange zurückliegen muss.

Der Berater kann nach der Aufstellung bei den »echten« Teammitgliedern ähnliche Reaktionen feststellen, insbesondere als in der Schwesterfirma der Geschäftsführer unter dubiosen Umständen gekündigt wird. Es liegt nahe, dass ähnliche Ereignisse zu dieser Verunsicherung geführt haben könnten.

Aus den Reaktionen der »echten Teammitglieder« wird für den Berater mit der Zeit klar, dass die Ursache des Problems beim Mutterkonzern zu suchen ist. Es wäre notwendig, dass hier vertrauensbildende Maßnahmen getroffen werden, damit sich die Mitarbeiter wieder sicher fühlen können. Ein neues System – wie diese beiden ausgegliederten Firmen – braucht zunächst Schutz oder eine gewisse Abgrenzung gegenüber dem Mutterkonzern, die auch respektiert wird. Nur so können sich seine Grenzen in Ruhe bilden. Wenn dieser Prozess durch ständiges Hineinregieren gestört wird, kommt es oft zu Problemen.

Ganz nebenbei stellt sich noch heraus, dass einer der Bereichsleiter tatsächlich »zu nah« beim Abteilungsleiter steht und seine Verletzung, weil er bei der Besetzung dieses Postens übergangen wurde, durch mangelnde Loyalität und unangemessene Übergriffe zeigt.

In dieser Geschichte wird Ausgeschlossenes in Form dessen, »worum es geht«, sichtbar, wenn auch zunächst nicht inhaltlich fassbar. In der Zeit nach der Aufstellung begann sich für den Klienten der Inhalt zu klären.

Die Sanierung

Symbolisch steht er mitten im Auge des Taifuns, sagt er. Gebeten, geholt, freiwillig gekommen. Nach einer langen, erfolgreichen Karriere als Geschäftsmann und Berater. Das Schiff, das er retten soll, ist gerade dabei unterzugehen. Und mit ihm Millionen. Veruntreut, verloren, versickert. Irgendwo in Amerika.

Claude B. weiß wenig von Aufstellungen und steht dem Ganzen eher skeptisch gegenüber. Sein Bruder hat ihn mitgebracht, besorgt, dass die vielen schlaflosen Nächte für Claude nicht enden werden in diesem aussichtslosen Fall.

Jetzt steht der erfahrene Geschäftsmann souverän und sicher vor dem Flipchart und zeichnet das Firmengeflecht, das er berät. Und während er zeichnet, erzählt er die Vorgeschichte, die sich anhört wie ein Kriminalroman.

»Eine Schweizer Firma ging an die amerikanische Börse. Das Geld der Aktionäre wurde in der Schweiz investiert – jedenfalls offiziell. Es wurde eine Firmengruppe gegründet und Fabriken und Know-how gekauft. Die Aktien erlebten zunächst einen Kursaufschwung und dann einen dramatischen Kurssturz, weil die Firmen nicht florierten.

Vermutet wird, dass ein Teil des Geldes, das an der Börse erzielt wurde, nie in die Schweiz zurückgeflossen ist. Es wird befürchtet, dass der Finanzchef der amerikanischen Holding, der CFO (Chef Financial Officer), dieses Geld veruntreut oder zumindest fehlgeleitet hat. Er ist untergetaucht, weil die Polizei ihn sucht, und meldet sich nur sporadisch und von immer verschiedenen Orten. Zuletzt aus Kuwait.

Die Schweizer Investoren, die zum Teil Aktien besitzen oder in die inzwischen notwendig gewordene Sanierung der fünf Schweizer Firmen Geld investierten, baten mich, die Sache anzuschauen.

Und das war meine Analyse: Der Dampfer braucht sofort eine neue Führung und neue Ressourcen, oder er gerät ins Konkurswasser.

Die fünf Schweizer Firmen der Geschäftsgruppe haben mich zum Chefsanierer ernannt, wir stehen kurz vor dem Konkurs, weil die Mittel zur Rettung nicht vorhanden sind. Die amerikanische Holding schwebt als Phantom über uns, es ist schwer, mit einer toten oder fast toten Mutter eine Sanierung durchzusetzen.

Die Diagnose: Wenn wir es schaffen, kreditwürdig zu sein und von Kunden und Lieferanten als nachhaltiger Partner akzeptiert zu werden, dann können wir in sechs Monate sanieren und in noch einmal sechs Monaten den Aufschwung schaffen.

Das Problem ist, dass beide, nicht nur der CFO, sondern auch der CEO (Chef Executive Officer), der Geschäftsführer der amerikanischen Holding, die wichtige Einzelaktionäre sind, sich ins Ausland abgesetzt und damit der Gruppe großen Schaden zugefügt haben. Die Schweizer Investoren, die finanzielle Mittel zur Sanierung zur Verfügung gestellt haben, haben dafür als Sicherheit die Patentrechte sowie die Aktien an sich genommen.

Was ich mir von dieser Aufstellung wünsche, sind Klarheit über die Richtung der Sanierung sowie Anstöße für mögliche Optionen, falls die Sanierung doch nicht klappt.«

Matthias Varga stellt die so genannte »Wunderfrage« (siehe »Anleitung für Einsteiger«), die Claude B. ermöglichen soll, in eine lösungsorientierte Haltung zu gelangen.

»Stell dir vor, du wärst schon wieder abgereist und zurück in der Schweiz. Und du erinnerst dich vielleicht an diese Tage hier. Und vielleicht wirst du noch zu Abend essen – und irgendwann wirst du müde, gehst zu Bett und schläfst ein. Und angenommen, mitten in dieser Nacht würde ein Wunder geschehen – und es wäre etwas ganz Erstaunliches passiert, nämlich dass die Dinge, die geschehen müssten, geschehen wären. – Woran würdest du es merken?«

Claude B., der am Anfang der Wunderfrage etwas gebeugt dasaß, richtet sich auf und antwortet mit entschlossener Stimme: »Ich werde es daran merken, dass ich mich vom Druck der Sanierung lösen kann und mich verstärkt um den Wiederaufbau der Geschäfte und die Sicherung der Arbeitsplätze kümmern kann. Ich würde außerdem auf meinem Handy eine SMS von meinem Anwalt bekommen, dass die US-Holding durch ihren Konkurs die Schweizer Firmengruppe entlastet.«

Auf die Frage, ob, wenn das Wunder noch größer wäre, sich die Probleme lösen ließen, obwohl sich in der amerikanischen Holding nichts geändert hätte, weiß Claude B. sofort eine Antwort: »Es wäre möglich, wenn ich die Ressourcen hätte, um bis zu einer endgültigen Klärung durchzuhalten.«

Claude B. zieht jetzt auch die Möglichkeit einer Änderung des eigenen Verhaltens in Betracht, ohne dass irgendjemand von außen auf die Situation reagiert: »Ich wäre in der Lage, den Druck von den Leuten wegzunehmen. Die wiederum wären so erleichtert, dass sie sich sofort der Aufbauarbeit widmen könnten.«

Matthias Varga stellt geduldig eine Frage nach der anderen und bezieht sich dabei immer wieder auf das Wunder.

Und die Liste der möglichen Handlungen, die Claude B. nach und nach nennt, wird immer länger.

»Ich würde den Firmen in der Schweiz mehr Verantwortung übertragen, das würde die Aussicht auf einen Erfolg der Sanierung erhöhen. Ich würde den Geschäftsführer, den CEO der amerikanischen Holding, entlassen, ohne ihn für sein möglicherweise kriminelles Verhalten zur Rechenschaft zu ziehen, und würde seine Verdienste würdigen. Er war der Firmengründer und hat auch viel Gutes getan. Das würde die Abwicklung des Verfahrens in den USA beschleunigen.

Ich würde, nachdem der CFO, der Finanzchef, untergetaucht ist, die Schweizer Banken zusammenrufen und sie um eine Aufstockung der Finanzierung bitten.«

Die Frage, ob die drei amerikanischen Banken, die in das Geschäft verwickelt sind, etwas von seinen Handlungen merken würden, verneint Claude B.: »Die sind viel zu weit weg, um das hier bei uns mitzubekommen.«

Wer würde es noch merken? fragt Matthias Varga noch, bevor er die Repräsentanten für die Aufstellung auf das Flipchart schreibt.

»Unsere Hauptkunden würden es merken«, sagt Claude B.

»Ich würde eine Versammlung einberufen und ihnen offen die Lage erklären und die geplante weitere Entwicklung darstellen, damit sie uns wieder vertrauen können.«

Die Aufstellung für Claude B.

- Die Erkenntnis
- Das Vertrauen
- Die Ordnung
- Die Weisheit als freies Element
- Die fünf Schweizer Firmen
- Die Investoren
- Die Lieferanten
- Die drei amerikanischen Banken
- Der Geschäftsführer, CEO (Chef Executive Officer)
- Der Finanzchef, CFO (Chef Financial Officer)
- Claude B., Chefsanierer
- Das Management der Gesamtsanierung
- Die Steuerbehörde

Bilder in den Raum gestellt

Die Spannung, die sich im Raum aufbaut, ist so stark, dass die Luft anfängt zu flirren wie an einem Tag, an dem der Föhn alle nervös macht. Claude B. sitzt am Rand des Geschehens und schaut gebannt auf seinen Repräsentanten, der sich fast im Gewühl dieses Firmenkonstrukts verliert und zittert, als ob er Fieber hätte.

Dann spricht als Erstes die »Erkenntnis«, die mit den anderen Glaubensprinzipien als Rahmen für die Aufstellung in einem Dreieck angeordnet wurde. Sie ist ruhig und gelassen und sagt das, was für jeden Außenstehenden sichtbar ist.

»Claude B. ist mutig und braucht unendlich viel Kraft. Es wäre gut, wenn er ein Stück aus dem System hinausgehen könnte, er steht viel zu zentral.« Und dann mit leichtem Bedauern: »Das Management der Gesamtsanierung verstellt mir den Blick.«

Die »Ordnung« ist nicht ganz so unbelastet: »Ich fühle mich sehr schwer, habe aber ein starkes Verhältnis zu den fünf Schweizer Firmen.«

Das »Vertrauen« hingegen empfindet Mitleid mit den fünf Firmen und ist froh, als der Chefsanierer kommt: »Ich spüre, wie er sich fühlt, er braucht dringend mehr Vertrauen.«

Das könnten auch die fünf Firmen brauchen: »Wir haben große Angst«, sagt der Mann, der sie darstellt. »Uns schlägt das Herz bis zum Hals. Unsere Hoffnung sind die Investoren, die Lieferanten und das Vertrauen. In diesem Dreieck wird sich unser Schicksal entscheiden. Wir sind zwischen allen hin und her gerissen. Den Chefsanierer nehmen wir zwar wahr, er könnte hilfreich sein, aber im Augenblick ist er es nicht. Und was uns fehlt, ist eine Beziehung zur Ordnung.«

Die Investoren scheinen noch keine große Angst um ihr Geld zu haben: »Wir haben das Gefühl, das tragen wir gemeinsam. Das Vertrauen ist da! Es wundert uns allerdings, dass die fünf Firmen uns so misstrauisch ansehen. Claude B. und sein Sanierungsmanagement kommen uns passend vor. Wir warten ab, bis es zu weiteren Ergebnissen kommt.«

Das »Vertrauen« scheint in dieser Aufstellung eine Schlüsselposition einzunehmen, denn auch die Lieferanten beziehen sich darauf: »Seit das Vertrauen gesprochen hat, gewinnen wir an Stabilität. Vorher ging unser Blick ganz weit nach außen, da waren wir schon auf der Suche nach neuen Geschäftspartnern, und als wir hörten, wie sich die Firmen fühlen, da ging es uns gleich schlechter.«

Der Repräsentant von Claude B. hat aufgehört zu zittern und steht inzwischen da wie eine Figur aus Stein. Angestrengt, bewegungslos. Als er endlich spricht, ist es ganz still im Raum, und die Spannung erreicht ihren Höhepunkt.

»Als ich hereingeführt wurde, hatte ich das Gefühl, dass zwischen allen Beteiligten die Ströme fließen und dass ich zwischen diesen Strömen durchgehe. Aber in dem Moment, als sich die Hände, die mich geleitet haben, gelöst haben, war es, als ob mein ganzer Rücken nach und nach versteinerte. Ich habe mir gedacht: Um Gottes willen, ich kann nicht atmen, das geht vom Becken bis oben zum Genick. Meine Beine sind schwer, die Schultern sind starr, es fällt mir schwer, den Kopf zu heben. Mit meinen Blicken habe ich versucht, die Ordnung zu erreichen, aber meine Augen haben nur das Vertrauen gesehen, weil ich den Kopf nicht bewegen kann. Mein Hals ist trocken, mein Körper ist in einem Panzer eingesperrt. Als die Investoren sprachen, hatte ich das Gefühl, dass mein Panzer etwas weiter wird. Ich würde gern ein Stück hinausgehen. Und was mein Management für die Gesamtsanierung angeht, so hätte ich mir mehr Wärme gewünscht.«

Der Geschäftsführer (CEO), der sich ins Ausland abgesetzt hat, steht am Rand, ein Stück hinter Claude B., dreht dem Geschehen den Rücken zu und scheint seine Probleme durch Wegschauen zu bewältigen: »Mir geht es jetzt gut. Ich habe auch keine Lust mehr, mich umzudrehen. Dieses Gejammer hinter mir geht mir furchtbar auf die Nerven. Am Anfang ging es mir verdammt schlecht, da hatte ich noch ein schlechtes Gewissen, litt an Atemnot, hatte schwere Füße und fühlte mich wie ein Delinquent. Aber durch dieses viele Klagen kam die Wut, und jetzt fühle ich mich stark. Das Einzige, was mich jetzt noch belästigt, ist die Weisheit.«

Unbeeindruckt von der Beschwerde wandert die »Weisheit« gelassen und heiter im Raum umher, malt Blumen auf das weiße Packpapier an der Wand, verbindet sie mit bunten Stiften zu Girlanden und scheint sich in ihrer eigenen Welt zu bewegen, in der sie das alles nichts angeht. Sie öffnet ein Fenster, malt dann noch eine Sonne zu ihren Blumen und beginnt zu sprechen.

»Ganz am Anfang hatte ich so ein fröhliches, lustiges Gefühl, und als es immer schwerer wurde, habe ich mir gedacht, ich muss mich jetzt schnell aufladen. Fenster auf, Licht, Luft, Sonne, Blumen ...«

Am Rand sitzt der Finanzchef (CFO) der amerikanischen Holding, dem man die Veruntreuung des Geldes vorwirft und der sich vermutlich nach Kuwait abgesetzt hat.

Er fühlt sich von seinem Kollegen, dem Geschäftsführer, bedroht: »Mir ist schwindlig, und ich bin froh, dass ich in der Nähe der Erkenntnis sitze.«

Die drei amerikanischen Banken scheinen genug Geld zu haben und geben sich gelassen: »Wir sind weit weg, über dem Atlantik, wir haben keine Angst und sehen dem Ganzen eher wohlwollend zu. Man müsste diese Leute in der Schweiz unbedingt beruhigen!« Und dann etwas gönnerhaft, aber freundlich: »Uns wundert, dass der Chefsanierer uns nicht mehr einbezieht. Wir könnten ihm einiges sagen, aber er muss uns fragen. Warum holt man uns nicht, wenn man uns braucht?«

Die Steuerbehörde, die es kaum erwarten kann, endlich gefragt zu werden, droht mit Sanktionen: »Ich habe eine Sauwut auf den CFO. Meine Behörde wird härteste Maßnahmen ergreifen. Vom CEO und dass auch er ein schlechtes Gewissen hat, höre ich zum ersten Mal. Die einzig wirklich Ehrlichen hier sind die fünf Schweizer Firmen.« Dann, mit etwas ruhigerer Stimme: »Ich habe einen ganz guten Kontakt zur Erkenntnis.«

Die »Weisheit« hat sich inzwischen von ihrer Blumenmalerei abgewandt und geht zwischen den Repräsentanten lächelnd hin und her. Sie stärkt einmal den einen durch einen Blick, einen anderen durch die Berührung an der Schulter und stellt sich dann ein Stück hinter Claude B.

»Eigentlich möchte ich zu ihm hingehen, aber er ist so beschäftigt, er nimmt mich nicht wahr. Also habe ich inzwischen alle anderen aufgeladen, um ihn indirekt zu entlasten.«

Claude B. reagiert sofort: »Als diese Frauenstimme hinter mir anfing zu sprechen, war das plötzlich eine große Entlastung. Gott sei Dank, das kam gerade noch rechtzeitig. Und als die drei amerikanischen Banken sprachen, habe ich zu meinem Sanierungsmanagement hingeschaut. Das war gut. Doch der Geschäftsführer der amerikanischen Holding, den ich in meinem Rücken spüre, drückt auf meine Wirbelsäule.«

An dieser Stelle wendet sich Matthias Varga an den echten Claude B., der fasziniert den Äußerungen der verschiedenen Repräsentanten gefolgt war.

»Die Weisheit hat schon ganz am Anfang gesagt, dass dieser Platz, an dem du als Berater stehst, weder für dich noch für das System günstig ist.«

Claude B. nickt: »Es ist ein Schleudersitz.«

Matthias Varga spricht jetzt zu allen Teilnehmern und Teilnehmerinnen des Seminars: »Durch die Art und Weise, wie die Repräsentanten von Claude B. und dem CEO sprachen, indem sie zum Beispiel ähnlich belastende Symptome nannten wie ›Ich kann nicht atmen‹, ›Meine Beine sind schwer‹, lässt sich vermuten, dass es sich um eine ›Musterrepräsentation‹ handelt. Das heißt, dass jemand eine andere Person im System repräsentiert, sehr mit ihr identifiziert ist und damit auch deren Lasten trägt. Die Unterbrechung dieser Energieverschwendung ist die beste Möglichkeit, neue Ressourcen zu erschließen.«

Das Ritual, das Matthias Varga jetzt zwischen dem echten Claude B. und dem Repräsentanten des CEO zur »Musterunterbrechung« anleitet (siehe »Anleitung für Einsteiger«), verändert alles. Er lässt Claude B. und den CEO die Plätze wechseln, und Claude B. fühlt sich tatsächlich an der Stelle des flüchtigen Geschäftsführers wohl. Die Trennungsarbeit beginnt. Zunächst geht er noch einmal langsam auf den CEO zu, sieht ihm dabei in die Augen, atmet bewusst und wird dann ganz schnell von Matthias Varga umgedreht, damit die Musterunterbrechung wirken kann.

Jetzt wird die Luft wieder weich, die Spannung fällt ab. Nicht nur von den Aufgestellten. Auch die anderen Teilnehmer, die atemlos der Geschichte gefolgt sind, entspannen sich sichtbar.

Claude B. spricht von seinem alten Platz aus: »Jetzt geht es mir viel besser, es ist, als ob eine Tonne von Lasten von mir abgefallen wäre.«

Und zum CEO sagt er: »Jetzt ist es in Ordnung zwischen uns, und ich sehe dich jetzt wieder als Mensch. Schon zuvor war mir wichtig, dass gewürdigt wird, dass du diese Holding gegründet hast. Ich habe jetzt die Aufgabe, die Dinge in der Schweiz wieder in Ordnung zu bringen, und ich hoffe auf deine Unterstützung. Und die Aufgaben für die Holding sind nicht die Meinen. Das musst du mit den neuen Investoren regeln.«

Der Geschäftsführer ist bewegt von diesen Worten: »Wenn man mir den richtigen Weg anbieten würde, dann werde ich das tun. Es ist mir wichtig, mein Gesicht nicht zu verlieren.«

Matthias Varga stellt Claude B. jetzt zu seinem Management der Gesamtsanierung: »Du standest als Chef zu sehr allein, anstatt mit deinem Team an deiner Seite gemeinsam Strategien zu entwickeln.«

Jetzt ist der Weg zu einer effizienten Sanierung tatsächlich frei.

Die Weisheit tritt wieder als Künstlerin in Aktion und zeichnet auf ein Blatt Papier einen Springbrunnen. Sie legt es in die Mitte des Raumes.

Die fünf Firmen in der Schweiz sind plötzlich fröhlich und äußern sich tatendurstig: »Seit das Sanierungsmanagement und Claude B. in der Nähe der Investoren zusammenstehen, geht es uns viel besser. Wir bauen hier schon an einem neuen Gebäude mit Springbrunnen.«

Die amerikanischen Banken, die zwischendurch einmal über Knieschmerzen geklagt hatten, sind zufrieden, als Claude B. sich ihnen zuwendet und ihre Wichtigkeit betont: »Von nun an werden wir euch um Rat fragen. Wir werden euch regelmäßig berichten – über die Schwierigkeiten und auch über die Erfolge ...«

Die Lieferanten sehen der glücklichen Wende zu und freuen sich: »Endlich kommt Bewegung ins Spiel, wir möchten jetzt wieder mitmachen und beginnen sofort zu liefern.«

Jetzt melden sich zum ersten Mal auch die Kunden zu Wort: »Wir waren bisher nicht wichtig, um uns ging es überhaupt nicht. Jetzt sind wir wach und haben einen guten Kontakt zu den Schweizer Firmen.«

Nur der CFO in Kuwait ist müde. Und die Steuerbehörde meldet sich triumphierend: »Er ist heute verhaftet worden!«

Dafür darf der CEO vom Fiskus Milde erwarten. Er atmet auf: »Jetzt sind alle meine Schmerzen weg.«

»Erkenntnis«, »Ordnung« und »Vertrauen« schauen wohlwollend auf das Bild, das sie umrahmen, und sprechen von Stabilität, Sicherheit und Wohlbefinden.

Das letzte Wort aber hat die »Weisheit«: »Ich fühle mich wie ein Angebot, das man annehmen kann. Ich habe einen ›Springbrunnen‹ gezeichnet und auf den Boden gelegt, denn der Brunnen ist die zivilisierte Form der Quelle.«

Was Claude B. nach der Aufstellung sagte

Ich bin erstaunt, wie viel ich aus dieser Aufstellung gelernt habe. Das Bild, das mir am wichtigsten erscheint, ist der Moment, wo ich mich vom CEO und damit von der amerikanischen Holding befreit habe.

Ich war auch überrascht, dass ich eine so starke Hierarchie aufgebaut und so wenig Teamverhalten gezeigt habe. Dennoch glaube ich, dass das stimmt und dass mir die Zusammenarbeit mit dem Management der Gesamtsanierung nicht so geglückt ist, wie ich mir das wünsche. Meine Erziehung, meine militärische Schulung und die Art, wie ich gewohnt war zu führen, haben es mir nicht leicht gemacht. Mir ist klar, dass hier ein anderer Führungsstil gebraucht wird, den ich auch realisieren möchte. Ich tendiere dazu, alles kontrollieren zu wollen, das macht natürlich den Prozess viel zähflüssiger. Gleichzeitig ist es in einer Krise nicht ganz leicht, das richtige Maß zu finden.

Die Aufstellung hat mir auch gezeigt, wie wichtig die Transparenz in der Kommunikation mit allen Beteiligten, den Firmen, den Banken, den Lieferanten und den Kunden, ist. Und dass ich dafür verantwortlich bin.

Für mich war auch die Intervention der Weisheit wichtig. Ich habe dadurch verstanden, dass ich mehr Leichtigkeit in die Sache hineinbringen muss. Es dürfen auch entspannende Dinge, wie zum Beispiel ein Segeltörn, stattfinden.

Am meisten aber hat mich fasziniert, dass bei der Aufstellung etwas aufgetaucht ist, was ich nie gesagt habe: Die Schweizer Firmengruppe will unbedingt, dass ich die Rolle des CEO, des Geschäftsführers, der sich ins Ausland abgesetzt hat, übernehme. Und insofern bin ich sehr mit ihm identifiziert und dadurch auch von den Erwartungen, die jetzt auf mir liegen, belastet. Jetzt weiß ich, dass das nicht mein Platz ist, dass mich diese zusätzliche Rolle überfordert.

Ich bin jetzt davon überzeugt, dass Organisationsaufstellungen, insbesondere in Entwicklungsprozessen von Unternehmen, seien es Fusionen, Akquisitionen, Sanierungen oder Neuausrichtungen, von großer Hilfe sein können. Ich denke an die Ebenen von Aufsichtsräten, Firmenleitungen, aber auch Sparten und Abteilungsleitungen, denn nach meiner Meinung wurde bisher viel zu wenig Gewicht auf die Vorbereitung, die Begleitung und das nachträgliche Coaching von Organisationsveränderungen gelegt.

Es kann nicht genügen, am Schreibtisch Organigramme zu entwickeln und diese via Funktionsbeschreibungen auf dem »kalten« administrativen Weg einzuführen. Damit ist der Misserfolg einer Organisationsentwicklung vorprogrammiert.

Die Organisationsaufstellung bietet ein innovatives, sehr gut verständliches Instrument, mit dem Organisationen und deren Mitarbeiter unterstützt werden können. Es kann sich ein neuer Führungsstil entwickeln, der allen Beteiligten nützt.

Durch die Aufstellung können Manager und Berater lösungsorientierte Haltungen kennen lernen und damit auch unternehmenskulturelle Zusammenhänge besser verstehen.

Was Claude B. fünf Monate später erzählte

Vieles von dem, was ich in der Aufstellung gesehen habe, konnte ich sofort umsetzen. Ich bin tatsächlich einen Schritt zurückgetreten und habe jetzt mehr Distanz zu den Problemen. Dadurch bin ich gelassener und habe mehr Energie für die Unternehmensführung und kann die Prozesse leichter steuern. Ich habe viel mehr Vertrauen in mein Sanierungsteam und arbeite mit ihm eng zusammen. Ich beachte die Notwendigkeit von ausführlicher Information an alle Beteiligten und berichte über jeden Schritt, über unser Fortkommen, aber auch über die Rückschläge. Ich bin aktiv in der Kommunikation mit der Presse geworden und steuere dadurch die Informationen, die an die Öffentlichkeit gelangen sollen.

Wir haben neue Investoren in den USA gefunden, und sobald die Sanierung abgeschlossen ist, werde ich einen jungen, begabten CEO suchen, der die Geschäfte führen kann. Ich selbst werde nur als Verwaltungsrat, als aktives »Member of the Board« der amerikanischen Holding angehören.

Systemisches Wissen

In einer zunächst sehr komplex wirkenden Geschichte löst sich schon einiges durch die Wunderfrage (siehe »Anleitung für Einsteiger« und am Ende des Buches »Einladung zum Wunder«) für Claude B. auf. Er findet dadurch schon vor der Aufstellung Handlungsalternativen, die eine Sanierung erleichtern können. Es zeigt sich, dass es sich lohnt, einen Schritt zurückzutreten und mit einer lösungsfokussierten Haltung auf die Probleme zu schauen.

Während der Aufstellung wird für Claude B. deutlich, dass er im System einen falschen Platz einnimmt. Durch die Erwartung der fünf Schweizer Firmen, dass er später den CEO ersetzen soll, der durch seine Flucht ins Ausland die Achtung der Gesellschafter verloren hat, gelangt er in eine schwierige Position. Er hat ihn unbewusst vertreten, sprich repräsentiert. Erst als sein Repräsentant sich durch eine Musterunterbrechung von den Lasten befreit, die nicht zu ihm gehören, geht es ihm besser und »Tonnen« fallen von ihm ab.

Wichtig an dieser Stelle ist auch die Würdigung des Geschäftsführers als Gründer der Holding. Damit kommt Frieden ins System. Der CEO erklärt sich bereit, seinen Teil an der Klärung der Geschichte zu übernehmen, wenn er dabei sein Gesicht wahren kann.

Der CFO, der Finanzchef, hat durch die Veruntreuung von Geldern im großen Stil sich gewissermaßen aus dem System verabschiedet und auf diese Weise das Recht auf Zugehörigkeit verloren. Das macht Sinn, weil die Veruntreuung für das System eine ernste Bedrohung war. Er steht am Rand und wird von der Finanzbehörde bedroht.

Claude B. hat auch viel zu wenig Kontakt zum Management der Gesamtsanierung. Das Wissen seines Teams stand ihm bisher durch seinen leiterzentrierten Führungsstil nicht ausreichend zur Verfügung. Erst als er sich zu seinem Team stellt und es damit auch in seinem Wert würdigt, ist der Weg für eine effiziente Sanierung frei.

Auch die amerikanischen Banken wurden bisher als Ressource nicht ausreichend genützt. Sie bieten sich als Berater an, und der Chefsanierer sichert ihnen zu, dass sie von nun an zeitiger und angemessener informiert werden.

Die Kunden und die Lieferanten, die bei solchen firmeninternen Schwierigkeiten fast immer vernachlässigt und schlecht informiert werden, nehmen den Wandel mit Erleichterung zur Kenntnis und zeigen sich wieder kooperativ.

Eine wichtige Wirkung von Aufstellungen gerade für Organisationsberater liegt darin, dass sie die Möglichkeit bieten, das System aus verschiedenen Perspektiven zu betrachten. So lernt hier Claude B. über die Mitteilung der Repräsentanten mehrere ihm zuvor weniger vertraute Perspektiven kennen. Dies veranlasst ihn, die von ihm unternommenen Schritte künftig transparenter zu gestalten. Da in dieser Firma das Vertrauen durch das Verhalten und die Flucht von CEO und CFO schon schwer missbraucht wurde, sind derartige vertrauensbildende Maßnahmen hier besonders wichtig.

Trotz der komplizierten Ausgangslage ist die Lösung relativ einfach. Sie beruht in erster Linie auf der Klärung des Weiterbestehens und der Beendigung von Zugehörigkeiten und der Einsicht, als Berater in eine falsche Rolle im System hineingeraten zu sein.

Wichtige systemische Grundsätze

»Wenn wir uns darauf einigen können, dass es eine Vielfalt von Grundsätzen gibt, die in ihrer Komplexität hier nicht erfasst werden können, wenn wir uns auch darauf einigen können, dass im Einzelfall scheinbar klare Grundsätze anders ausgelegt werden können – dann macht eine Aufzählung solcher Prinzipien Sinn. Das Betrachten von systemischen Grundsätzen dient nicht dazu, einen Mangel zu diagnostizieren, sondern um zu sehen, wo möglicherweise Nützliches – wie zum Beispiel Anerkennung, Wertschätzung, Würdigung von Einsatz – vermehrt werden kann.«

Insa Sparrer und Matthias Varga von Kibéd

0 Das Grundprinzip der Nichtleugnung

Hier geht es um die Anerkennung dessen, was ist, genauer, um den Verzicht auf Leugnung. Alle im Folgenden genannten Prinzipien beruhen auf diesem Grundprinzip.

Die mangelnde Akzeptanz oder Leugnung von Gegebenheiten mindert die Entfaltungsmöglichkeiten eines Systems. Wenn zum Beispiel jemandem in einer Firma das Recht auf Zugehörigkeit verweigert wird (Prinzip 1), dann entsteht dadurch eine Lücke im System, die oft zu einem Energieverlust beiträgt.

Auf der Suche nach verborgenen Ressourcen ist es stets ratsam, nach ausgeschlossenen Personen oder Aspekten zu forschen und diese mit einzubeziehen und zu würdigen. Ähnlich verhält es sich mit dem unten beschriebenen Prinzip 2, nach dem frühere Elemente und Personen Vorrang vor denen haben, die später dazukommen. Wenn zum Beispiel ältere Mitarbeiter ständig gegenüber jüngeren, die mit wichtigen Aufgaben betraut sind, zurückgesetzt werden, dann kommt es zu Konflikten, die schließlich dazu führen können, dass das Unternehmen seine Wachstumsfähigkeit verliert. Neue Mitarbeiter werden dann als Bedrohung erlebt.

1 Das Recht auf Zugehörigkeit

Das Prinzip des Rechts auf Zugehörigkeit wird leichter verständlich, indem wir eine Reihe von Grundsätzen beachten, die darauf aufbauen und in den meisten Fällen hilfreich sind.

Die Zugehörigkeit der Mitarbeiter

- Jeder, der in einer Firma beschäftigt ist, hat das Recht, dazuzugehören. In dieser Hinsicht sollte letztlich kein Unterschied zwischen Vorstandsmitgliedern und dem Reinigungspersonal gemacht werden.
- Wenn diese Zugehörigkeit verweigert wird, sei es durch Mobbing, durch mangelnde Anerkennung, durch ungerechtfertigte Kündigung oder durch andere Handlungen, die den Betroffenen die Zugehörigkeit schwer oder unmöglich machen, kann darin ein langfristiger Energieverlust für die Firma seinen Anfang nehmen.
- Der Riss, der im unsichtbaren Firmennetz entsteht, wenn eine Mitarbeiterin oder ein Mitarbeiter unfreiwillig aus dem sichtbaren Netz fällt, kann dem nächsten Mitarbeiter, der

den »verstoßenen« ersetzt, das Leben schwer machen. Möglicherweise fühlt sich diese Person wie der Vorgänger oder wird von anderen so wahrgenommen oder behandelt. Negative Erlebnisse können sich wiederholen, als ob das System sich an die Verletzung der Grundsätze erinnerte. Neue Mitarbeiter »repräsentieren« manchmal ein Muster ihres Vorgängers oder anderer ehemaliger Systemmitglieder. Wenn zum Beispiel jemand die Firma verlässt, weil er hinausgemobbt wurde, so erhöht sich die Wahrscheinlichkeit, dass der Nächste, der auf seinen Platz kommt, wieder gemobbt wird.

- Manchmal entstehen auch dort systemische Verletzungen, wo es objektiv keinen Grund dafür gibt. Wenn jemand zum Beispiel einen befristeten Vertrag in einer Firma hat und sehr gut arbeitet und der Vertrag trotzdem nicht verlängert wird, weil jemand anderer durch persönliche Beziehungen den Job bekommt, dann ist das juristisch vielleicht einwandfrei. Auf einer anderen Ebene kann es dennoch problematisch sein, da der Einsatz und die bereits erbrachte Leistung nicht gewürdigt werden.
- Zugehörigkeit kann auch dadurch entstehen, dass sich jemand besondere Verdienste erworben hat. Zum Beispiel – was im Krieg oft geschah – durch aktive Unterstützung für das Überleben der Firma oder in einer Notsituation durch finanzielle Hilfe.
- Das Recht auf Zugehörigkeit erlischt manchmal, wenn schwere Vergehen vorliegen, die das Weiterbestehen der Firma gefährden. Zum Beispiel dann, wenn wichtige Firmengeheimnisse verraten werden.

Die Zugehörigkeit der Gründer

- Die Gründer eines Unternehmens sollten gewürdigt werden. Wer die Firma gegründet hat, hat nicht nur eine besondere Leistung erbracht, die anerkannt werden muss. Dem oder den Gründern verdankt ein Unternehmen sein

Entstehen und damit letztendlich seine Existenz. Handlungen, die Gründer ausschließen, sind daher besonders problematisch. Selbst dann, wenn Gründer nicht mehr leben oder keine sichtbare Rolle mehr spielen, bleibt es wichtig, sie symbolisch einzubeziehen. Es gibt viele Möglichkeiten solcher Einbeziehung: Erwähnungen bei Firmenfeiern, der Austausch wertschätzender Erinnerungen, ein Hinweis in der Betriebschronik, Porträts und Fotos, die aufgehängt werden, die Benennung von Räumen und Gebäuden nach den Gründern oder Stiftungen. Auch mündlich weitergebene anerkennende Geschichten über Gründungsväter und -mütter würdigen deren Zugehörigkeit.

- Die Werte, die den Gründern wichtig waren, sollten nicht in Vergessenheit geraten und auch im Wandel einbezogen bleiben. Das Ignorieren dieser (früheren) Werte kann wie ein Ausschluss der Gründer wirken und zu Problemen in der Firma führen.
- Diese Würdigung sollte besonders beachtet werden, wenn jemand einen Firmennamen, eine Firmenmarke kreiert hat. Wenn diese Person die Firma verlässt, muss geklärt werden, ob die Marke bleiben kann.
- Ist ein Firmengründer im Streit gegangen, muss er dennoch weiter geachtet werden. Wird er nie mehr erwähnt, kommt das einem Ausschluss gleich, der der Firma schaden kann.

2 Die Anerkennung der zeitlichen Reihenfolge

Dieses Prinzip teilt sich in zwei verschiedene Zugangsweisen, die sich in der Anwendung zunächst widersprechen können. Das eine Prinzip gilt für wachstumsorientierte (2.1), das andere für fortpflanzungsorientierte (2.2) Systeme. Viele Systeme weisen beide Orientierungen auf. In diesen Fällen können die Prinzipen einander in der Anwendung zuwiderlaufen. Es bleibt aber wichtig, letztlich beiden Perspektiven gerecht zu werden.

- Derjenige, der früher zum System kam, sollte als der Frühere gewürdigt werden. In einem gewissen Sinn bleiben die Ersten für immer die Ersten und die Zweiten die Zweiten. Das bedeutet, wenn Menschen in Unternehmen sehr unterschiedliche Karrieren machen und die Hierarchie in der Karriereleiter sich verändert, gibt es dennoch auch eine andere Ebene, auf der geschätzt werden muss, dass jemand länger im Unternehmen ist. Wird dieses Prinzip nicht berücksichtigt, fühlen sich die, die früher da waren, übergangen. Daraus können gefährliche Konflikte entstehen. Eine Würdigung der zeitlichen Reihenfolge kann durch Jubiläumsfeiern, durch die Anerkennung der Erfahrung der älteren Mitarbeiter oder durch ein bewusstes Einbeziehen bei Innovationen geschehen, damit das »Alte« seinen richtigen Platz behält.
- Das gilt besonders auch dann, wenn jemand in einer Führungsposition neu in eine Firma kommt. Wenn der oder die Neue anklopft und fragt, wie habt ihr das bisher gemacht, was ist gut, was kann so bleiben, entsteht Widerstand häufig erst gar nicht. Die Einführung von Neuerungen durch den Neuen gelingt eher auf der Grundlage von Wertschätzung für bisher Geleistetes.
- Eine zeitliche Reihenfolge gibt es nicht nur bei der Firmenzugehörigkeit, sondern auch bei der Zugehörigkeit zu einem Team. Jemand, der sich für eine bestimmte Sache schon länger eingesetzt hat, zum Beispiel für die Entwicklung eines Produkts oder den Ausbau eines neuen Bereichs, sollte dafür anerkannt werden. Wenn das nicht geschieht, werden unbewusste Sabotageeffekte und Fehlleistungen wahrscheinlicher.

- Die Anerkennung der zeitlichen Reihenfolge gilt auch für Werte und Produkte. Wenn ein Firmenwert zugunsten eines anderen ein Stück zurückgestellt wird, dann sollte der »alte« Wert dennoch einen anerkannten Platz bekommen. Wenn etwa eine für Kaffee bekannt gewordene Marke den Umsatz inzwischen vorwiegend mit anderen Produkten macht, könnte es lange Zeit sinnvoll bleiben, den Kaffee weiter zu erwähnen.
- Familienunternehmen geraten manchmal in Schwierigkeiten, wenn bei einer Generationenablösung die Werte verändert werden. Auch der in Bauernhöfen oft übliche Verzicht der älteren Töchter in der Erbfolge zugunsten der jüngeren Söhne kann sich negativ auswirken, wenn es keinen adäquaten Ausgleich gibt.

Die zeitliche Reihenfolge bei wachstumsorientierten Systemen

Unter einem wachstumsorientierten System versteht man ein System eines Typs, für den wesentlich ist, dass im Prinzip neue Systemelemente dazukommen können. Das bedeutet, dass zum Beispiel die Firma größer werden kann, neue Abteilungen gegründet, neue Projekte entwickelt werden können. In Organisationen, die wachstumsorientiert sind, ist es daher wichtig, dass die Mitarbeiter, die schon länger da sind, Vorrang vor denen haben, die später dazugekommen sind. Wird das nicht berücksichtigt, können Unternehmen langfristig ihre Fähigkeit verlieren, harmonisch zu wachsen.

Neu dazukommende Elemente oder Personen haben einen gewissen Platzbedarf. Worin dieser Platzbedarf jeweils besteht, ist höchst unterschiedlich. Es kann sich um einen Schreibtisch, einen Platz in einem Zimmer, eine neue Position handeln. Meistens kommt es durch die »Neuen« zunächst zu einer Ressourcenverknappung. Ein Zimmer muss geteilt werden, ein Budget wird gekürzt und so weiter. In solchen Fällen muss es für die vorhandenen Mitarbeiter etwas geben, was diesen Platzverlust ausgleicht. Wenn das nicht geschieht, sinkt die Bereitschaft der Mitarbeiter, neu hinzukommende zu integrieren.

Die zeitliche Reihenfolge bei fortpflanzungsorientierten Systemen

Unter einem fortpflanzungsorientierten System versteht man ein System eines Typs, für den es wesentlich ist, dass sich aus den alten Systemen im Prinzip neue Systeme ähnlicher Art bilden können. Ein Beispiel dafür ist die Bildung von Tochtergesellschaften oder die Möglichkeit, Aufgaben eines Projektteams einem neuen Team nach Abschluss eines Projekts weiterzugeben.

Diese neuen Systeme brauchen in der Zeit, in der sich ihre Grenzen bilden, einen besonderen Schutz. Denn die Grenzen des jungen, sich noch bildenden Systems sind zunächst meist schwach. Wird dieser Schutz vom Unternehmen nicht gewährleistet, besteht die Gefahr, dass das neue System reabsorbiert wird oder diffundiert.

Diffusion bedeutet, dass das System beginnt, sich nach außen mangelhaft abzugrenzen, so zum Beispiel wenn wichtige oder verunsicherte Mitarbeiter von anderen Unternehmen abgeworben werden.

Reabsorption durch das eigene Unternehmen geschieht etwa in Form einer Auflösung der neuen Abteilung oder der ausgelagerten Einheit. Reabsorption wird zum Beispiel wahrscheinlicher, wenn die Mutterfirma der Tochterfirma zu wenig Selbstständigkeit lässt und in alle Belange hineinregiert. Finden solche Prozesse regelmäßig statt, verliert das System schließlich seine Fortpflanzungsfähigkeit.

*Die Allparteilichkeit gegenüber den Prinzipien
der zeitlichen Reihenfolge*

Viele Unternehmen und Organisationen sind gleichzeitig wachstums- und fortpflanzungsfähige Systeme. Da bei den wachstumsfähigen Systemen die Beachtung der Reihenfolge der Systemmitglieder von besonderer Wichtigkeit ist, bei den fortpflanzungsfähigen Systemen jedoch die umgekehrte Reihenfolge zwischen den Systemen (insbesondere in der Aufbauzeit), kollidieren die Konsequenzen aus der Beachtung dieser beiden Prinzipien.

Dies erfordert die Entwicklung geeigneter systemischer Interventionen, die beiden Prinzipien ihr volles Recht geben, ohne im konkreten Einzelfall beiden zugleich folgen zu können. Deshalb braucht es das Prinzip der Allparteilichkeit gegenüber den Zeitfolgen. Die Forderung nach der Würdigung der älteren Mitarbeiter und der Vorrang der jüngeren Systeme stehen oft im Gegensatz zueinander, sollten jedoch beide berücksichtigt werden.

Wird einer der beiden Reihenfolgen dauerhaft Vorrang gegeben, besteht die Gefahr, dass etwas schief geht. Zählten etwa immer nur die längere Firmenzugehörigkeit und die Tradition, wird das Unternehmen Anpassungsprozesse verpassen, die für die Bildung neuer Einheiten notwendig sind. Werden ältere Mitarbeiter entwertet, ist mit großen Widerständen oder, nach deren Entlassung, mit massiven Verunsicherungen zu rechnen.

Der Wechsel der zeitlichen Reihenfolge

Die beiden Prinzipien der zeitlichen Reihenfolge können nicht nur kollidieren, sie können sich auch abwechseln. So kann eine neu gebildete Einheit in einem größeren System anfangs wie ein neues System, nach einer Konsolidierungsphase aber als neues Systemelement wirken. Die Übergangsphasen vom jungen zum integrierten System bei Veränderungsprozessen sind oft riskante Phasen in Organisationen.

Wenn sich in einer Firma zum Beispiel ein neues Team bildet, braucht es zunächst eine Schonzeit. Dem neuen Team muss in der Anfangsphase zugearbeitet werden, es muss vorrangig behandelt werden, und es braucht mehr Unterstützung. Wenn dann allerdings die Mitarbeiter eingearbeitet sind und das Team stabil ist, sollte die alte Ordnung wieder hergestellt werden. Dann ist das Team das jüngste in der Reihe und hat keinen Vorrang mehr vor den älteren Teams, da es nun eher als neues Systemelement anzusehen ist.

Die reine Zugehörigkeitsorientierung

Zugehörigkeit kann auch in Systemen eine Rolle spielen, ohne dass Wachstums- oder Fortpflanzungsorientierung gegeben sind. Ein rein zugehörigkeitsorientiertes System entsteht dort, wo es etwa aufgrund eines einmaligen unwiederholbaren Ereignisses gegründet wird.

- Ein wichtiges zugehörigkeitsorientiertes Subsystem von Firmen bilden die Gründungsmitglieder einer Firma. Dieses System kann weder wachsen, noch geht es um die Gründung neuer Firmen. Es ist in diesem Sinn auch nicht fortpflanzungsorientiert, und es wäre sicher absurd, Jahre nach Gründung einer Firma noch zum Gründungsmitglied erklärt werden zu wollen, aufgrund welcher Verdienste auch immer.
- Besondere Ereignisse in einer Firma, die nicht wiederholbar sind, verursachen ebenfalls eine spezielle Art von Zugehörigkeit. So werden etwa die Überlebenden einer Feuerkatastrophe oder eines Flugzeugabsturzes innerhalb einer Firma eine Gruppe bilden, die selbstverständlich keine neuen Mitglieder aufnehmen kann.

3 Die Berücksichtigung von Einsatz und Hierarchie

Der Einsatz, den Mitarbeiter leisten, ist eine der wichtigsten Ressourcen, die eine Firma zur Verfügung hat. Wird dieser Einsatz nicht ausreichend anerkannt, kann schwerer Schaden entstehen. Das gilt auch für die Anerkennung von Hierarchie. Unklare Hierarchien oder unklare Verantwortlichkeit sind für ein Unternehmen riskant und können das Gleichgewicht stören.

Der Vorrang des höheren Einsatzes für das Ganze

Ein Chef oder eine Chefin hat die Verpflichtung, die Führungsaufgaben den Mitarbeitern gegenüber wahrzunehmen. Für ihren höheren Einsatz für das Ganze sollte die Führungskraft in ihrer Position anerkannt werden. Dabei ist für Führungskräfte wie für Mitarbeiter wichtig, dass der Einsatz auch unabhängig von der Leistung gewürdigt wird.

Wenn ein Mitarbeiter einen hohen Einsatz bringt, das Projekt aber dennoch nicht erfolgreich ist, so sollte seine Arbeit trotzdem gewürdigt werden. Denn wenn sich jemand einsetzt und dann gerügt wird, dass er keinen Erfolg hatte, dann kann es sein, dass nicht nur er, sondern auch andere Mitarbeiter sich in Zukunft nicht mehr so überzeugt einsetzen. Das würde die Immunkraft des Systems beeinträchtigen. Verminderte Bereitschaft der Mitarbeiter zu besonderem Einsatz schwächt die Fähigkeit des Unternehmens, Krisen zu bewältigen.

Die Berücksichtigung inoffizieller (impliziter) Hierarchien

Inoffizielle Hierarchien entstehen beispielsweise durch besondere Leistungen oder andere Verdienste. Wenn zum Beispiel aufgrund besonderer Tüchtigkeit oder Begabung ein Mitarbeiter Pflichten übernimmt, die nicht seinem offiziellen Rang entsprechen, dann sollte das gewürdigt werden. Die Leugnung solcher Verdienste in der offiziellen Firmenhierarchie (zum Beispiel im publizierten Firmenorganigramm) kann einen deutlichen Energieverlust für das Unternehmen verursachen. Werden die Verdienste jedoch explizit gewürdigt, wird die Energie, die bisher in die Leugnung der impliziten Hierarchie investiert wurde, als Ressource verfügbar.

Inoffizielle hierarchische Beziehungen, die in der offiziellen Hierarchie nicht berücksichtigt werden, bekommen gerade dadurch ein besonderes Gewicht (nach dem Motto: Alle sind gleich, aber manche sind gleicher). Gleichwertigkeitsannahmen innerhalb eines Teams führen oft dazu, dass unausgesprochene, inoffizielle Hierarchien nicht berücksichtigt werden. Sie können aber auch manchmal eine implizite Hierarchie schützen, zum Beispiel dann, wenn Systemmitglieder stillschweigend wechselseitig Vorrang voreinander erhalten.

Ist also etwa ein Mitarbeiter in bestimmten Angelegenheiten seinem Vorgesetzten gegenüber weisungsbefugt, wird ein derartiger Status quo in einer inoffiziellen Hierarchie eher aufrechterhalten. Andererseits wird eine geeignete Würdigung von höherem Einsatz und Leistungen in diesem Zusammenhang oft unterbleiben.

Die Berücksichtigung offizieller (expliziter) Hierarchien

Anders als die inoffiziellen sind die offiziellen Hierarchien gewöhnlich sichtbar. Daher geht man nicht davon aus, dass auch sie geleugnet werden können. Dennoch findet sich häufig in Firmen und Organisationen eine indirekte Form dieser Leugnung.

Wenn nämlich ein in der Hierarchie höherer Mitarbeiter seine Verantwortung auf Untergebene abwälzt und dieses Vorgehen zur Gewohnheit wird, wird die Tatsache geleugnet, dass ein höherer Rang in der offiziellen Hierarchie höhere Verantwortung bedeutet. Wird in einer Firma höhere Verantwortung nicht ausgeübt, sondern nach unten delegiert, unterminiert die Firma dadurch ihre eigene explizite Hierarchie.

4 Der Vorrang von höheren Leistungen und Fähigkeiten

Höhere Leistungen und höhere Fähigkeiten sollten Anerkennung finden. Dabei ist die Anerkennung der real vorliegenden Leistungen gegenüber der Anerkennung der Fähigkeiten sogar noch vorrangig.

Wenn eine Firma die Leistung ihrer Mitarbeiter nicht würdigt, dann wird etwa in einem Team auf Dauer die Fähigkeit geschwächt, Projekte erfolgreich abzuschließen. Da Unternehmen aufgabenorientierte Systeme sind, würde dies schlussendlich die Erfolgschancen der Firma schwächen.

Der Vorrang höherer Leistungen

Die Anerkennung von Leistung ist für ein System unerlässlich. Dort, wo sie unterbleibt, weil zum Beispiel ein Chef befürchtet, dass seine Angestellten besser werden könnten als er, kann es zu Schwierigkeiten kommen, weil die entsprechende Würdigung der Leistungen gefährdet ist. Unterbleibt die Würdigung, verspielt die Firma schließlich das Kapital der Leistungsbereitschaft der Mitarbeiter.

- Werden von Vorgesetzten die Leistungen der ihnen untergebenen Mitarbeiter für sich selbst in Anspruch genommen, so ist ein solcher geistiger Diebstahl auf Dauer äußerst schädlich für das Unternehmen, da damit zugleich eine Ent-

wertung der Leistung dieser Mitarbeiter verbunden ist. Der, dessen Leistung weggenommen wird, bekommt nicht die ihm zustehende Anerkennung. Natürlich wird dadurch schließlich die Bereitschaft sinken, die eigenen Leistungen in diesem Unternehmen zur Geltung kommen zu lassen.
- Auch was Vorgesetzte unter den Mitarbeitern zulassen, ist wichtig. Wenn sie dulden, dass Mitarbeiter aus Neid die Leistungen anderer Mitarbeiter herabsetzen, wird der Wille zur Leistung beschädigt.

Der Vorrang höherer Fähigkeiten

Neben dem vorrangigen Prinzip des Leistungsvorrangs sollte aber auch das Prinzip des Fähigkeitsvorrangs beachtet werden. Eine höhere Qualifikation und Kompetenz hat Vorrang vor geringerer Qualifikation und Kompetenz. Dieses Prinzip fördert und erhöht den Wert der in einem Unternehmen unausgesprochen vorhandenen und zum großen Teil noch nicht genutzten Fähigkeiten seiner Mitarbeiter. Wird die Entwicklung von Fähigkeiten weder gefördert noch gewürdigt, verliert das Unternehmen kostbares kreatives Potenzial seiner Mitarbeiter.

5 Zur Rangfolge der systemischen Grundprinzipien

Die in den vorhergehenden Abschnitten genannten Prinzipien sollten vorzugsweise auch in der Reihenfolge 1 bis 4 berücksichtigt werden, wobei 0 die Grundlage für alle bildet. Dies ist keine Frage der Wichtigkeit, sondern eher der Praktikabilität.

Etwas ironisch formuliert: Möchte man die Förderung von Leistungen und Fähigkeiten (Prinzip 4) in einem Unternehmen mit großer Mühe, aber ohne Wirkung erreichen, sollte man dafür sorgen, dass besonderer Einsatz und bestehende Hierarchien (Prinzip 3) missachtet werden. Möchte man dafür sorgen, dass die Berücksichtigung von Hierarchie und Verantwortung wirkungslos bleibt, ist Achtlosigkeit im Umgang mit zeitlichen Reihenfolgen (Prinzip 2) ein in der Praxis erprobtes Vorgehen. Möchte man, dass die Frage des Wachstums in einer Organisation (Prinzip 2.1) oder der Bildung von neuen Organisationen mit ähnlichen Aufgaben aus einer bestehenden (Prinzip 2.2) auch bei sorgfältiger Beachtung der zeitlichen Folge unlösbar wird, so sind Ausschluss und Ausstoßung sowie Unklarheit über die Zugehörigkeit (Prinzip 1) ein probates Mittel zur Zerstörung etwaiger noch verbliebener Erfolgsaussichten.

Eine schlüssige Zusammenfassung all dieser Interventionsideen besteht in der Empfehlung, gar nicht erst in die Gefahr zu kommen, einem dieser systemischen Prinzipien zu folgen, indem rechtzeitig nach Leugnungsmöglichkeiten (Prinzip 0) Ausschau gehalten wird.

6 Der Ausgleich zwischen Geben und Nehmen – systemische Ausgleichsprinzipien

Die Forderung, einen Ausgleich zwischen Geben und Nehmen zu berücksichtigen, ist bei jedem der zuvor genannten Prinzipien eine wichtige Ergänzung. Diese Forderung kann angewendet werden auf die Bezahlung, die investierte Zeit, letztlich auf Inputs aller Art ins Unternehmen. Wenn zum Beispiel jemand ein Patent für wenig Geld an eine Firma verkauft und das Unternehmen damit großen Profit erwirtschaftet, dann sollte dafür ein angemessener symbolischer Ausgleich geschaffen werden, gerade dann, wenn der Erfolg fortgesetzt werden soll.

Wenn sich etwa ein Ungleichgewicht beim Ausgleich zwischen Geben und Nehmen ergibt und bestehen bleibt, entstehen dadurch – manchmal auch unbewusst – Schuldgefühle, und es kann sein, dass die Anerkennung dieses Ungleichgewichts verweigert wird, weil es mit unangenehmen Gefühlen verbunden ist. Oft wird dann das, was gegeben wurde, ignoriert oder herabgewürdigt. Natürlich werden weitere gewünschte Unterstützungen von Seiten der bisherigen Geber wie auch von möglichen zukünftigen Gebern dadurch unwahrscheinlicher.

Die ersten fünf der folgenden Prinzipien gehen auf die Arbeiten von Ivan Boszormenyi-Nágy zurück und wurden von Bert Hellinger umgestaltet. Die fünf weiteren Ausgleichsprinzipien wurden von Matthias Varga von Kibéd für die Strukturaufstellungsarbeit entwickelt.

Der Ausgleich im Guten sollte ein vermehrter sein, sofern die Bindung im System aufrechterhalten werden soll

Das heißt, die Aufrechterhaltung der Bindung bei guten Geschäftsbeziehungen oder Kooperationen im Team besteht nicht im Stillstand, sondern in einer vorsichtigen »positiven Eskalation«. Es geht darum, fantasievoll nach Möglichkeiten Ausschau zu halten, den Nutzen der anderen Seite auf eine Weise zu mehren, die kreative, positive Prozesse in Gang setzt. Zum Beispiel durch die Herstellung und Förderung nützlicher Kontakte für Stammkunden oder durch Hilfestellung beim Erschließen neuer Geschäftsfelder.

Der Ausgleich im Übel sollte ein verminderter sein, sofern die Bindung im System aufrechterhalten werden soll

Wenn also zum Beispiel ein Mitarbeiter durch eine Unzuverlässigkeit einen erheblichen Mehraufwand für einen Kollegen bewirkt hat und der Kollege einen gewissen Ausgleich von ihm fordert (und erhält), ist es wichtig, dass der Ausgleich einen geringeren Aufwand darstellt als der ihm entstandene Schaden. Dadurch wird eine Deeskalation eingeleitet, die schließlich eine Wiederherstellung der Kooperation auf gleicher Ebene möglich macht.

Exakter Ausgleich trennt

Wird beim Ausgleich auf die Genauigkeit von Kosten und Umfang erhöhter Wert gelegt, wirkt der Ausgleich als Bezahlung und damit eher als Mittel der Abgrenzung denn als Mittel der Verbindung. Verbindung entsteht eben leichter, wenn jeder, wie es in einem arabischen Sprichwort heißt, »dem Bruder heimlich Weizensäcke in die Scheune stellt«. Haben Teile einer Geschäftsbeziehung den Charakter von exaktem Ausgleich, so ist es wichtig, sie durch etwas Freiwilliges, Unerwartetes zu ergänzen.

Der Schuldner hat ein Recht auf Mahnung

Das heißt, wenn zum Beispiel ein Ungleichgewicht zwischen Teammitgliedern entstanden ist und jemand eine Zeit lang viel Unterstützung von einem anderen erhalten hat, so ist es wichtig, dass der andere selbstständig zu einer Ausgleichsleistung – wie zum Beispiel einer anderen Form der Hilfe – aufgefordert wird. Wenn das nicht geschieht, etabliert sich durch das Weiterbestehen der nicht erstatteten Schuld eine Ungleichheit, die letztendlich der Kooperationsfähigkeit schadet.

Der Gläubiger wird schuldig am Schuldner, wenn er dem Schuldner die Mahnung verweigert

Die im vorigen Beispiel genannte Ungleichheit absichtlich aufrechtzuerhalten, oft mit dem bewussten oder unbewussten Bedürfnis, dem anderen gegenüber in einer überlegenen Position zu bleiben, kann äußerlich gesehen edel wirken. Was die Förderung der Kooperation angeht, kann sie aber als Unrecht wirken.

In der Strukturaufstellungsarbeit werden zusätzlich die nachfolgenden Prinzipien berücksichtigt:

Der eigentliche Ausgleich liegt in der Anerkennung der Ausgleichsverpflichtung

Der folgenschwerste Irrtum, wenn es um Ausgleich geht, besteht aus dieser Sicht in der Verwechslung von Ausgleichsleistung und der Anerkennung der Ausgleichsverpflichtung. Versucht man, den Ausgleich durch die Ausgleichsleistung allein, zum Beispiel durch eine Schadenersatzzahlung ohne aufrichtigen Ausdruck von Bedauern und Mitgefühl, zu erzielen, wirkt dies als Bezahlung und kann den Schaden sogar vertiefen.

Die Ausgleichsleistung wird nur wirksam als Ausdruck dieser Anerkennung

Die Ausgleichsleistung wird durch das vorhergehende Prinzip keineswegs überflüssig, hat aber aus systemischer Sicht eine andere Funktion, als oft angenommen wird. Eine Schadenersatzzahlung unterstreicht die Ernsthaftigkeit eines zuvor ausgedrückten aufrichtigen Bedauerns.

Die Verweigerung der Ausgleichsleistung hebt die Wirkung der Anerkennung der Ausgleichsverpflichtung auf

Versucht sich jemand um die Ausgleichsleistung zu drücken, indem auf eine schon erfolgte Anerkennung der Ausgleichsverpflichtung verwiesen wird, wird durch die Verweigerung etwa einer Schadenersatzzahlung die Glaubwürdigkeit der Anerkennung der Ausgleichsverpflichtung zerstört und damit ein ansatzweise schon erfolgter Ausgleich aufgehoben.

Der Ausgleich hat in der Währung des Gläubigers zu erfolgen

Niemand kann sich beim Ausgleich darauf berufen, dass in seinem kulturellen oder sozialen System ein bestimmter Ausgleich ausreichend wäre, wenn dies nach den Maßstäben und im System dessen, dem gegenüber der Ausgleich zu leisten ist, unzureichend wäre. Die Form des Ausgleichs muss die Sprache und die Formen des Gläubigers, seine »Währung«, respektieren.

Der Schuldner trägt das Wechselkursrisiko

Wäre kurz nach dem Entstehen eines Schadens vielleicht eine kleine Geste zum Ausgleich noch völlig ausreichend gewesen, und wurde dieser Zeitpunkt verpasst, so können erheblich schwerwiegendere Maßnahmen für den Ausgleich erforderlich sein. Dieses Risiko trägt der Schuldner und hat sich daher selbst um möglichst zeitigen Ausgleich zu bemühen.

Es gibt eine Vielzahl weiterer Übertragungen von ökonomischen Begriffen im systemischen Umgang mit ethischen Prinzipien. Die zentrale Grundlage ist die über Ivan Boszormenyi-Nágy auf Martin Buber zurückgehende Idee von Schuld als Ausgleichsbedürftigkeit anstelle von Schuld als »schuld an etwas sein«. Es handelt sich dabei um eine ökonomische anstelle einer ethischen Deutung des Schuldbegriffs.

Einladung zum Wunder

Die Wunderfrage können Sie am besten kennen lernen, wenn Sie ihre Auswirkung an sich selbst erleben. Die Tatsachen in Ihrem Leben mögen dieselben bleiben, die Menschen, mit denen Sie zu tun haben, die räumlichen Gegebenheiten mögen sich vielleicht nicht ändern. Aber Ihre Einstellung kann sich wandeln und damit die Möglichkeiten, die sich für Sie eröffnen.

- Überlegen Sie sich ein Anliegen, ein Problem oder eine Frage und konzentrieren Sie sich kurz darauf.
- Was möchten Sie hinsichtlich Ihres Problems, Ihrer Frage erreichen?
- Schreiben Sie sich die Antwort auf.
- Wenn Sie Lust dazu haben, können Sie sich zusätzlich eine Skala von 0 bis 10 vorstellen. Sie dient am Ende der Übung als »Barometer«, als Möglichkeit, Veränderungen besser einzuschätzen.
- Wo auf dieser Skala befinden Sie sich im Augenblick in Bezug auf Ihre Frage, wenn 10 großes Wohlbefinden und 0 das Gegenteil davon bedeutet?
- Während Sie den folgenden Text lesen, setzen Sie sich entspannt hin, lesen Sie die einzelnen Sätze langsam, halten Sie bei den Gedankenstrichen kurz inne, und lassen Sie den Text so auf sich wirken.
- Beobachten Sie, welche Antworten, Bilder und Gefühle auftauchen.

Stellen Sie sich vor, Sie gehen nach dem Lesen in diesem Buch wieder an Ihre Arbeit oder tun, was Sie meistens tun – und irgendwann am Abend sind Sie müde und gehen zu Bett und schlafen ein. – Und angenommen – in dieser Nacht geschieht ein Wunder – und das Wunder wäre – dass alles, was zu Ihrem Problem, zu Ihrer Frage gehört, gelöst ist. – Einfach so! – Und das wäre ja wirklich ein Wunder. –

Wenn Sie jetzt am nächsten Morgen aufwachen – wissen Sie ja noch nicht, dass dieses Wunder geschehen ist. – Woran würden Sie dann bemerken, dass das Wunder schon eingetreten ist? – Was wäre anders? –

Vielleicht tun Sie etwas anderes – vielleicht denken Sie etwas anderes – vielleicht haben sich Ihre Gefühle geändert. –

Und was ist noch anders? – Vielleicht in Ihrer Familie – vielleicht in Ihrer Arbeit – vielleicht in Ihrem Freundes- und Bekanntenkreis? –

Merkt das Wunder noch jemand außer ihnen? – Wer? – Und woran merkt er oder sie, dass für Sie das Wunder geschehen ist? – Und woran noch? Wie reagiert er oder sie darauf? –

Und gibt es noch mehr Menschen, die auf Ihr Wunder reagieren? –

Gibt es jemanden, dem es nicht recht sein könnte, dass für Sie das Wunder passiert ist? Und wer? –

Und jetzt, nachdem das Wunder für Sie geschehen ist – wie reagieren Sie darauf? –

Und, falls Sie Schwierigkeiten mit der Reaktion von außen haben: Lassen Sie das Wunder einfach noch größer sein! –

Gibt es noch etwas, was für Sie anders ist, jetzt, nachdem das Wunder geschehen ist? –

Nehmen Sie sich Zeit, und betrachten Sie Ihre Frage, Ihr Problem ganz ausführlich mit den Augen des Wunders ...

Kommen Sie langsam wieder zurück, vergleichen Sie Ihre Antworten auf die Wunderfrage mit der Antwort auf die Frage, die Sie sich am Anfang der Übung gestellt haben, was Sie erreichen wollten.

Wahrscheinlich werden Ihnen Unterschiede auffallen. Zum Beispiel, dass die Antworten auf die Wunderfrage genauer beschreiben, was konkret geschehen sollte, auch wenn es auf den ersten Blick nicht mit Ihrem Problem zusammenhängt; dass Antworten ausführlicher sind und dass für Sie eine Lösung vielleicht schon näher gerückt ist.

Wenn Sie mit der Skala gearbeitet haben, dann prüfen Sie, ob und wie sich ihr Wert auf der Skala verändert hat, um künftig die Vorzeichen guter Veränderung früher zu erkennen!

Literaturhinweise

Bücher zu den Grundlagen der Systemischen Strukturaufstellungen:

Sparrer, Insa: *Wunder, Lösung und System. Lösungsfokussierte Systemische Strukturaufstellungen für Therapie und Organisationsberatung.* Heidelberg, 2. Aufl., 2002

Varga von Kibéd, Matthias/Sparrer, Insa: *Ganz im Gegenteil. Querdenken als Quelle der Veränderung – Tetralemmaarbeit und andere Grundformen Systemischer Strukturaufstellungen.* Heidelberg, 4. erw. Aufl., 2003

Einführendes:

Sparrer, Insa: »Lösungsorientierte Kurztherapie und Strukturaufstellungsarbeit als zwei Formen der systemischen Therapie«, in: Bley, Johannes/Lewitan, Louis (Hrsg.): *Leitfaden Psychotherapie in München.* Werlte 1998 (S. 43–60)

Sparrer, Insa/Varga von Kibéd, Matthias: »Wie Systeme Systeme wahrnehmen: Körperliche Selbstwahrnehmung bei Systemischen Strukturaufstellungen«, in: Milz, Helmut/Varga von Kibéd, Matthias: *Körpererfahrungen: Anregungen zur Selbstheilung.* Zürich 1998 (S. 114–141)

Artikel über Organisationsstrukturaufstellungen und Tetralemmaarbeit:

Sparrer, Insa/Varga von Kibéd, Matthias: »Systemische Strukturaufstellungen: Simulation von Systemen«, in: *Zeitschrift LO* (Lernende Organisation) November/Oktober 2001 (S. 6–14)

Sparrer, Insa: »Vom Familienstellen zur Organisationsaufstellung – Zur Anwendung Systemischer Strukturaufstellungen im Organisationsbereich«, in: Weber, Gunthard (Hrsg.): *Praxis der Organisationsaufstellungen. Grundlagen, Prinzipien, Anwendungsbereiche.* Heidelberg, 2. Aufl., 2002 (S. 91–126)

Varga von Kibéd, Matthias: »Unterschiede und tiefere Gemeinsamkeiten der Aufstellungsarbeit mit Organisationen und der systemischen Familienaufstellungen«, in: Weber, Gunthard (Hrsg.): *Praxis der Organisationsaufstellungen. Grundlagen, Prinzipien, Anwendungsbereiche.* Heidelberg, 2. Aufl., 2002 (S. 11–33)

Varga von Kibéd, Matthias/Sparrer, Insa: »Tetralemmaarbeit als eine Form Systemischer Strukturaufstellungen«, in: Döring-Meijer, Heribert/Mumbach, Bernd (Hrsg.): *Die entdeckte Wirklichkeit.* Paderborn 2000 (S. 49–76)

Klassische Organisationsaufstellungen:

Weber, Gunthard/Gross, Brigitte: »Organisationsaufstellungen«, in: Weber, Gunthard (Hrsg.): *Praxis des Familien-Stellens. Beiträge zu systemischen Lösungen nach Bert Hellinger.* Heidelberg 1998 (405–420)

Weber, Gunthard (Hrsg.): *Praxis der Organisationsaufstellungen. Grundlagen, Prinzipien, Anwendungsbereiche.* Heidelberg, 2. Aufl., 2002

Webseiten und E-Mail-Adressen der AutorInnen

Renate Daimler
www.renatedaimler.com
Daimler@chello.at

Insa Sparrer & Matthias Varga von Kibéd
www.syst.info
Insa.Sparrer@gmx.de
Matthias.Varga@gmx.de
info@syst.info